ANSTELLE EINER EINLEITUNG

1949 wurde Schmidt vom Hamburger Wirtschaftssenator Karl Schiller eingestellt, zuständig zunächst für Wirtschaftspolitik, ab 1952 als Leiter des Amtes für den Verkehr zu Wasser, zu Lande und in der Luft – nicht für den Hafen. Ein Jahr später bot ihm der Vorstandsvorsitzende der Hamburger Hafen- und Lagerhaus Aktiengesellschaft, Ernst Plate, an, als sein möglicher Nachfolger in den Vorstand der HHLA einzutreten.

Schmidt wäre gern auf das Angebot eingegangen, aber Senator Schiller, dem die HHLA unterstand, legte sein Veto ein: Er wollte den begabten jungen Mann nicht gleich wieder verlieren und auch zeigen, wer Herr im Hause ist. Daraufhin beschloss Schmidt, für den Bundestag zu kandidieren – »aus Daffke«, wie er heute sagt. »Ich war es leid, wie sein Pudel behandelt zu werden.« Und wenn es mit der Plate-Nachfolge geklappt hätte? »Dann wäre ich Hafendirektor geworden.«

INHALT

Die für den vorliegenden Band ausgewählten Aufsätze, Reden und Interviews entstammen einem Zeitraum von mehr als 50 Jahren. Um Wiederholungen zu vermeiden, wurden einige Beiträge gekürzt.

Auswahl der Texte und Redaktion: Thomas Karlauf

1. Auflage 2015
Copyright © 2015 by Hoffmann und Campe Verlag, Hamburg
www.hoca.de
Satz: Pinkuin Satz und Datentechnik, Berlin
Gesetzt aus der Stempel Garamond
Druck und Bindung: Friedrich Pustet, Regensburg
Printed in Germany
ISBN 978-3-455-50351-7

HOFFMANN
UND CAMPE

Ein Unternehmen der
GANSKE VERLAGSGRUPPE

Helmut Schmidt

DANN WÄRE ICH HAFENDIREKTOR GEWORDEN

Hamburger Ansichten

Mit einem Gespräch zwischen
Helmut Schmidt und Olaf Scholz

Hoffmann und Campe

HAMBURGER FRAGEN HELMUT SCHMIDT

Am 2. April 2014 veranstaltete die ZEIT *zum Start ihrer neuen Hamburg-Seiten eine »lange Nacht« mit 22 Veranstaltungen an 14 besonderen Orten der Stadt. Im Deutschen Schauspielhaus unterhielt sich Chefredakteur Giovanni di Lorenzo mit Helmut Schmidt, genauer gesagt: Er stellte ihm Fragen, die zuvor von Lesern eingereicht worden waren.*

GIOVANNI DI LORENZO Meine Damen und Herren, herzlich willkommen. Wir freuen uns riesig, in diesem Haus sein zu dürfen, wir freuen uns, dass Sie so zahlreich gekommen sind. Wir hätten dieses Haus zweimal voll ausbuchen können, wir hatten fast 3000 Anmeldungen. Ich habe gesehen, dass einige noch versucht haben, vor dem Eingang Karten zu finden. Überhaupt hat es für unsere Veranstaltungsreihe heute Abend an 14 verschiedenen Orten 10 000 Anmeldungen gegeben. Es ist das erste Mal, dass wir das machen, und wir hoffen sehr, dass der Andrang allen eine Ermunterung ist, diese Reihe fortzusetzen.

Der eine oder andere von Ihnen weiß es, Helmut Schmidt und ich haben lange Übung im Fragen und Antworten, aber dieses Mal, heute Abend, geht es um Ihre Fragen. Wir haben dazu aufgerufen, uns Fragen einzusenden über Facebook, über unsere Website. Es sind erwartungsgemäß sehr viele Anfragen gekommen. Ich habe mir erlaubt, ein bisschen zu sortieren und zu bündeln.

Ich würde gerne beginnen, lieber Herr Schmidt, mit einer Frage unserer Leserin B. S., die wissen möchte – und die Frage haben in verschiedenen Variationen auch andere gestellt –, wann, lieber Herr Schmidt, waren Sie zum ersten Mal auf der Reeperbahn?

SCHMIDT Ich glaube mit 17 oder 18 Jahren, das muss also 1936 gewesen sein.

DI LORENZO Wussten Sie damals schon, was Sie taten?

SCHMIDT Ich wusste, was ich tat, und wusste, was ich nicht tun würde.

DI LORENZO Mehrere Leserinnen möchten gerne wissen, welches Erlebnis aus Ihrer Kindheit oder Jugend in Bezug auf Hamburg für Sie besonders eindrucksvoll war.

SCHMIDT Ich bin von meinem Vater als Schüler nach England geschickt worden und drei Wochen in Manchester zur Schule gegangen. Und auf der Rückfahrt kamen wir in einen dollen Sturm, das war im Jahre 1932, wenn ich das einigermaßen richtig erinnere.

DI LORENZO Das heißt, Sie waren 14?

SCHMIDT Ich wurde 14, ich war 13. Ich erinnere zwei Ereignisse. Es gab ein schlimmes Unwetter – in dem Vorschiff, in dem wir saßen, waren 40 Jungs, alle haben gekotzt –, aber gleichzeitig ging westlich von Fehmarn die Niobe unter; das war ein Segelschulschiff. Das haben wir erst zwei, drei Tage später in der Zeitung gelesen oder gehört. Und zugleich gab es in Altona, in Ottensen, eine Schießerei zwischen SA und Kommunisten. Diese beiden Ereignisse – der Untergang der Niobe, unsere eigene Seekrankheit und die Schießerei in Altona, ich glaube 17 Tote – haben sich mir tief eingeprägt.

DI LORENZO K.B., der offenbar ein leidenschaftlicher Fahrradfahrer ist, wüsste gerne, ob Sie früher Hamburg per Fahrrad erkundet haben. Und wenn ja, welches war Ihre Lieblingsstrecke?

SCHMIDT Ich habe Hamburg nicht per Fahrrad erkundet, sondern ich habe zu Hause gesessen und gelesen.

DI LORENZO Ganz viele möchten wissen, warum Sie sich für Langenhorn als Wohnort entschieden haben.

SCHMIDT Das war in einer Zeit, in der hatte kein Mensch in Hamburg eine eigene Wohnung. Zum Beispiel meine Frau und ich, wir waren als eine von vier Parteien Mieter ein und derselben Wohnung; vier Frauen in der Küche, es ging einigermaßen gut. Und in jenen Jahren wurde ich gefragt, willst du nicht bei uns für den Bundestag kandidieren? Und ich habe gedacht, das ist eine interessante Erfahrung, das machst du einmal. Und ich habe das getan und wurde gewählt. Und dann hat sich die damalige Baugenossenschaft, genannt Neue Heimat, an mich gewendet und hat gesagt, du musst doch in deinem Wahlkreis wohnen, du kannst doch nicht in Othmarschen bleiben mit vier Parteien in einer Wohnung.

DI LORENZO Und vier Frauen in der Küche.

SCHMIDT Ich musste in meinen Wahlkreis ziehen, und das war Langenhorn, Fuhlsbüttel, Barmbek, Eppendorf.

Das war ein reiner Zufall, das muss 1961 gewesen sein, und seitdem wohnen wir in Langenhorn und fühlen uns ganz wohl.

DI LORENZO Welche Persönlichkeit der Hamburger Zeitgeschichte schätzen Sie am meisten?

SCHMIDT Max Brauer.

DI LORENZO Den Namen kennen wahrscheinlich die meisten in Hamburg, aber Sie müssen ein bisschen erklären, was er der Stadt Gutes getan hat.

SCHMIDT Das Beste, was er der Stadt beigebracht hat, war sein Optimismus. Er kam als Amerikaner wieder, war amerikanischer Staatsbürger geworden, und wir haben ihm – das war bei Planten un Blomen – zugerufen, er soll hier bleiben, das war damals noch gar nicht sicher. Das muss 1946 gewesen sein. Max, hierbleiben! Ich habe auch mit gebrüllt. Und das hat er gemacht und hat dann kandidiert zur Bürgerschaft. Er wurde gewählt. Er ist derjenige, der den Hamburgern Optimismus gepredigt hat. Und er hat auch ein paar gute Sachen zustande gebracht. Wenn Sie heute den Harvestehuder Weg langgehen, den hat es damals nicht gegeben, den hat Max Brauer geschaffen. Er hat die Villenbesitzer davon überzeugt, dass sie ihre Gärten hergeben müssen.

DI LORENZO Haben Sie ihn auch persönlich kennengelernt?

SCHMIDT Ja. Und ich war ganz stolz darauf – als Sozi duzte man sich damals –, zu ihm »Max« sagen zu dürfen.

DI LORENZO Gibt es einen bestimmten Hamburger Typus, Kaufleute oder Reeder, der Ihnen am Herzen liegt? Sie können auch andere Gruppen nennen.

SCHMIDT Einen meiner beiden Großväter habe ich

überhaupt nicht kennengelernt, der andere Großvater war ein Adoptivgroßvater, ein sehr einfacher Mann, in Hamburg heißen diese Leute Schauerleute. Er war am Sandtorkai, hat sich mit dem Ent- und Beladen von Schiffen beschäftigt. Und er musste morgens zu Fuß von Barmbek zum Hafen marschieren. Wenn er Glück hatte, wurde er eingeteilt zur Arbeit, und dann kam er abends mit der Heuer nach Hause. Wenn er Pech hatte, wurde er nicht eingeteilt, dann ging er gleich in die Kneipe, und wenn er dann nach Hause kam, war er unleidlich. Sonntags war es anders, sonntags kriegten wir, wenn wir den Opa besuchten, all die guten Sachen vorgesetzt, Sardinen, Apfelsinen, Bananen – da hatte er »einen Sack fallen lassen«. Das war damals eine Art Deputat, das war so. Er war ein einfacher Mann, aber nicht unbedingt liebenswert. Seine Frau, Oma Schmidt, das war eine wunderbare Frau, die stammte aus Siethwende im Kreis Pinneberg, wenn ich das richtig erinnere, sie habe ich in guter Erinnerung. Was hatten Sie gefragt?

DI LORENZO Ich finde, die Antwort passt sehr gut zu meiner Frage, die lautete: Gibt es einen bestimmten Typus in Hamburg, den Sie besonders schätzen?

SCHMIDT Eigentlich nicht. Eigentlich sind mir die Hamburger insgesamt ans Herz gewachsen, besonders aber die Industriearbeiter; von denen gibt es relativ wenige in Hamburg, die meisten Arbeiter sind in Wirklichkeit Angestellte.

DI LORENZO Weil Sie von Ihren Großeltern gerade gesprochen haben, haben Sie eigentlich Ihren jüdischen Großvater jemals kennengelernt?

SCHMIDT Nein.

DI LORENZO S.W. hat uns eine Frage geschickt, die ihn eindeutig als *ZEIT*-Leser ausweist: »Sehr geehrter Herr Schmidt, Gräfin Dönhoff schrieb einmal, Sie hätten eine heimliche Leidenschaft, die Ornithologie. Wenn Sie den Brahmsee oder die Außenalster sehen, was bedeuten Ihnen Haubentaucher, Kormoran und Stockente?«

SCHMIDT Das sind für mich Haustiere. Aber ich kenne sehr viel mehr Vögel. An den Brahmsee beispielsweise kommen Wissenschaftler aus Kiel, die sich mit Ornithologie oder mit Biologie beschäftigen; sie haben inzwischen auf unserem Grundstück über dreißig verschiedene Vogelarten kennengelernt. Ich weiß zum Beispiel von einem Eisvogel, den die Engländer Kingfisher nennen, der lebt versteckt abseits der Straße von Nortorf nach Rendsburg. Ich weiß genau, wo das ist, aber ich werde das nicht verraten.

DI LORENZO Gibt es denn noch den von Ihnen und Loki angelegten kleinen Urwald am Brahmsee?

SCHMIDT Den gibt es noch. Aber wir haben ihn nicht angelegt, sondern wir haben eine Brache sich selbst überlassen. Das war schlechter Boden dort, Sandboden, dort wuchs nichts richtig; der Landwirt ließ die Brache liegen, und wir haben sie ihm abgekauft. Wir haben nicht gewässert, nicht gedüngt, wir haben nichts gepflanzt, wir haben nur abgewartet. Inzwischen sind die Bäume 16 Meter hoch, einige noch ein bisschen mehr. Und mitten in diesem sogenannten Urwald gibt es auch eine Eierpflaume, die müssen die Vögel dahin gepflanzt haben.

DI LORENZO Unsere Leser haben sich offenbar mit Ihnen gründlich auseinandergesetzt, sonst wüssten sie nicht, dass Sie ein besonderes Faible haben für Architektur. Als junger Mann träumten Sie auch davon, Architekt zu werden. Deshalb wollen einige von Ihnen wissen, welcher Ihr Lieblingsplatz in Hamburg ist.

SCHMIDT Eigentlich müsste ich hier drei verschiedene Plätze nennen.

DI LORENZO Tun Sie es.

SCHMIDT Das eine ist die Lichtwarkschule am Stadtpark, das war nämlich meine Schule.

DI LORENZO In Winterhude.

SCHMIDT Und das andere ist das Chilehaus von Westen gesehen, wenn man auf diesen Steven eines Schiffes schaut. Und das dritte ist die Stele an der Kleinen Alster mit dem Barlach'schen Basrelief: eine Mutter mit einem Kind, der Mann ist offenbar gefallen. Die Mutter ist abgebildet und das Kind, und es steht geschrieben: »Vierzigtausend Söhne der Stadt ließen ihr Leben für Euch.«

DI LORENZO Ist das die Stele, die die Nazis dann zerstörten?

SCHMIDT Richtig. Die Nazis haben diese Stele übergetüncht und haben einen Adler daraus gemacht, und später ist sie dann wiederhergestellt worden.

DI LORENZO T. S. fragt Sie als Architekturliebhaber, welcher Stadtteil aus Ihrer Ansicht einen neuen Anstrich besonders nötig hätte.

SCHMIDT Da gibt es mehrere, nicht nur einen. Besonders notwendig wäre das für Osdorfer Born und für Mümmelmannsberg.

DI LORENZO C.E. schickt uns folgende Zeilen: »Sehr geehrter Herr Schmidt, 1962 wurden Sie zum Retter von Wilhelmsburg und zum Helden von ganz Hamburg. Viele Jahre ist der Stadtteil in Vergessenheit geraten und steht nun wieder stärker im Fokus der Stadtentwicklung. Wie sehen Sie die Entwicklung von Hamburgs Elbinsel, und was wurde Ihrer Meinung nach versäumt?«

SCHMIDT Es hat wenig Sinn, über Versäumtes nachträglich zu philosophieren oder darüber zu schreiben oder zu reden. Übrigens war ich weniger der Retter von Wilhelmsburg als vielmehr der Retter von Waltershof.

DI LORENZO Warum?

SCHMIDT Waltershof war ein Hafenbecken, das trocken war. Das Becken war ausgehoben, aber zur Elbe hin war es abgeschottet. In diesem ausgehobenen Hafen haben vor dem Krieg viele Hamburger ihre Wochenendbuden gehabt. Dann wurden sie ausgebombt in Eimsbüttel oder in Barmbek, mussten ihre Ruinen verlassen und gingen in ihre Wochenendbuden. Nun kam aber die Flut, und die Flut überflutete Waltershof. Da sind wahrscheinlich 250 Menschen ums Leben gekommen in einer einzigen Nacht. Und als ich morgens um halb sieben in die Polizeibehörde kam – ich war damals Polizeisenator, ich kam aus Berlin –, da habe ich gedacht, du lieber Gott. Ich habe mit zehntausend Toten gerechnet insgesamt, ich habe ganz Wilhelmsburg unter Wasser gesehen. Dann habe ich mich in einen Hubschrauber gesetzt und habe das ganze überflutete Gebiet abgeflogen und habe gesehen, dass überall Leute auf den Dächern ihrer Wochenendbuden und ihrer Häuser saßen, weil die Buden selber unter Wasser waren, und viele tote Kühe trieben im Wasser. Das war ein schrecklicher Anblick. Wir haben damals viel Glück gehabt, große Hilfe durch Amerikaner, Holländer, Dänen, Engländer, Bundeswehr – die Bundeswehr hat sich damals erstklassig bewährt.

18

Insgesamt sind wir mit knapp über dreihundert Toten davongekommen. Da war viel Glück dabei.

DI LORENZO An diese Frage schließt sich eine an, die ein bisschen rhetorisch klingt, nämlich: Wurden beim Aufbau Hamburgs nach dem Zweiten Weltkrieg Ihrer Einschätzung nach Bausünden begangen?

SCHMIDT Ganz sicher ja, aber das war nicht bloß in Hamburg der Fall, das war überall so. In der ersten wilden Zeit, in den fünfziger Jahren, sind viele scheußliche Dinge gebaut worden; einige sind inzwischen wieder abgerissen, aber nicht alle.

DI LORENZO Weil Sie in dieser Stadt alle als den Helden der Sturmflut in Erinnerung haben, verblüfft es, von Ihnen gelegentlich zu erfahren, als Senator hätten Sie nichts zu tun gehabt. Was meinen Sie damit oder was haben Sie damit gemeint?

SCHMIDT Ja, das stimmt. Die eigentliche Aufgabe lag am Anfang meiner Senatorenzeit, hinterher gab es nur noch normale Verwaltung; das habe ich nicht als besondere Arbeit empfunden. Ich hatte damals schon acht Jahre im Bundestag hinter mir und war einer derjenigen, die dort gegen den erklärten Willen von Adenauer eine Große Koalition zustande brachten für eine Änderung der Verfassungsgesetzgebung. Wir wollten die Bundeswehr im Grundgesetz eindeutig verankert haben und haben eine Reihe von Gesetzen und eine Grundgesetzänderung zustande gebracht. Das hat mich dazu gebracht, mich mit der damals gültigen Strategie des Nordatlantischen Bündnisses zu beschäftigen. Und ich schrieb 1961 ein Buch, das anschließend ins Englische und ins Amerikanische übersetzt wurde, in dem die damals gültige

Strategie der sogenannten massiven Vergeltung für abwegig erklärt wurde. Es bestand zahlenmäßig eine große russische Überlegenheit; der Westen hatte sehr viel weniger Soldaten, und er drohte den Russen an, wenn ihr kommt, dann schmeißen wir euch atomare Bomben auf den Kopf. Was dabei nicht ausreichend bedacht wurde, war, dass die Russen auch atomare Waffen hatten, und die würden sie zurückschmeißen, und das Schlachtfeld würde Deutschland werden. Die völlig irrsinnige Drohung mit atomaren Waffen fand ihren Höhepunkt ein Jahr später, 1962, in der sogenannten Kuba-Raketen-Krise. Und da gab es zwei vernünftige Leute – einer hieß Chruschtschow, und der andere hieß Kennedy –, die die Krise entschärft haben.

DI LORENZO Wissen Sie noch, was ich Sie gefragt hatte?

SCHMIDT Weiß ich nicht mehr.

DI LORENZO Aber wir haben verstanden, warum Sie sich in Ihrem Job als Senator im Vergleich dazu ein bisschen unterfordert fühlten.

SCHMIDT Jedenfalls war er insofern für mich ganz nützlich, als ich gelernt habe, zu verwalten.

DI LORENZO Okay. Sind Sie heute noch der Meinung, dass man für ein Amt allenfalls ein halbes Jahr Einarbeitungszeit braucht, wenn man es dann nicht schafft, ist sowieso Hopfen und Malz verloren?

SCHMIDT Ungefähr würde ich das unterschreiben, richtig.

DI LORENZO Zurück zu den Leserinnen und Lesern. Viele wollen wissen, warum Sie die Hafencity nicht mögen.

SCHMIDT Zum Teil sind mir die Häuser ein bisschen zu schräg, zum Teil sind sie mir zu brav, aber insgesamt ist die Hafencity in Ordnung.

DI LORENZO Schmidt revidiert heute, am 2. April, eine Position – das müssen wir uns merken. A. K. hat eine vielleicht etwas indiskret klingende Frage, aber eine sehr schöne: Welches Gebäude oder welcher Raum in Hamburg löst bei Ihnen leidenschaftliche Gefühle aus?

SCHMIDT Dass ein Gebäude, das da steht und sich nicht bewegt, leidenschaftliche Gefühle auslöst? Das kommt mir sehr unwahrscheinlich vor.

DI LORENZO Würde ich jetzt das Interview führen, würde ich nachhaken. Gibt es aus Ihrer Sicht – das wollen sechs Leser wissen –, alte hanseatische Tugenden, die auch heute noch gelten oder zumindest gelten sollten?

SCHMIDT Die hanseatischen Tugenden sind nicht auf Hamburg beschränkt. Die alte hanseatische Liga stammt aus dem 13. und 14. Jahrhundert und ist sehr viel älter als die Bedeutung der Stadt Hamburg. Lübeck war die Hauptstadt der Hanse. Was die alten Hanseaten auszeichnete, war eine doppelte Liebe, nämlich die Liebe zur eigenen Heimat – sie kehrten immer in die eigene Stadt zurück –, und gleichzeitig waren sie neugierig auf die ganze Welt. Dieser doppelte Fokus, einerseits die Welt draußen und andererseits die Liebe zur Heimat, das war typisch hanseatisch. Übrigens gibt es das auch in Oberitalien: Die Kaufleute aus Venedig, Florenz, Pisa, die haben auch die ganze Welt befahren, ähnlich wie die Hanseaten. Die einen sind nach Osten gefahren, und die anderen, die Hanseaten, fuhren nach Westen. Das war der große Unterschied. Was die Hanseaten auszeichnet, ist das Bewusstsein der Verantwortung, der Verantwortung für das, was sie tun, und das, was sie lassen. Sie haben auch manche Dinge zu verantworten, die nicht in Ordnung waren, zum Beispiel den Sklavenhandel.

DI LORENZO Über welchen Hamburger Bürgermeister haben Sie sich am meisten geärgert?

SCHMIDT Geärgert? Ich habe mich eigentlich nicht über die Hamburger Bürgermeister geärgert, so wichtig waren die auch nicht.

DI LORENZO K.M. würde gerne wissen, wie Sie im Rückblick die Entscheidung beurteilen, Anfang des Jahres in Hamburg die umstrittenen Gefahrengebiete einzurichten.

SCHMIDT Ich habe die damals instinktiv missbilligt, und sie sind inzwischen ja auch aufgehoben worden.

DI LORENZO Warum?

SCHMIDT Das war eine übertriebene Vorsichtsmaßnahme, die eher das Gegenteil von dem auslösen konnte, was sie hätte auslösen wollen.

DI LORENZO Eine sehr interessante Frage an Sie hat J.T. Die HSH Nordbank gehört zu 85 Prozent Hamburg und Schleswig-Holstein. Müsste man einer Staatsbank verbieten, hoch riskante Spekulationsgeschäfte zu unternehmen?

SCHMIDT Ich würde das nicht nur der Staatsbank verbieten, ich würde das allen Banken verbieten. Ich muss eines hinzufügen: Die HSH Nordbank ist eine von vielen Landesbanken. Wir hatten einmal beinahe für jedes einzelne Bundesland eine Landesbank, und keine einzige von denen ist ohne staatliches Geld gerettet worden, keine einzige. Insofern besteht ein großer Unterschied zwischen den deutschen Landesbanken und den von vielen etwas belächelten deutschen Sparkassen und Volksbanken, die sind sehr viel solider als alle Landesbanken.

DI LORENZO Nicht nur weil wir hier jetzt im Schauspielhaus sitzen: Wie beurteilen Sie das kulturelle Angebot Hamburgs? Nutzen Sie es gelegentlich?

SCHMIDT Da ich kaum noch hören kann, kann ich nicht mehr ins Theater gehen, ich kann auch nicht ins Konzert gehen. Ich finde das schrecklich, es ist richtig eine Tragödie. Aber ich verfolge zum Beispiel in den hamburgischen Zeitungen den Theaterzettel und zähle die Zahl der Theater, die jeden Tag spielen. Und da kann Hamburg ganz gut mitkommen mit Wien und mit München und mit Berlin.

DI LORENZO Haben Sie die Beatles noch selber miterlebt in Hamburg?

SCHMIDT Jawohl. Das habe ich, das muss in der ersten Hälfte der sechziger Jahre gewesen sein, im Star-Club in einer Seitenstraße der Reeperbahn.

DI LORENZO Mochten Sie sie?

SCHMIDT Ich fand die ganz gut, ja.

DI LORENZO Wenn man Schmidt ein bisschen kennt, weiß man, das ist ein richtiges Kompliment. Nun weiß ich, dass man Sie schon mit einer Erbsensuppe ziemlich glücklich machen kann. Viele Leserinnen und Leser wollen wissen, ob es ein Lieblingsrestaurant oder eine Lieblingskneipe gab in Hamburg oder noch gibt?

SCHMIDT Ich muss gestehen, dass ich nicht so häufig in eine Kneipe gehe. Ich erinnere zwei Kneipen, das eine war ein ehemaliges Feuerschiff am Baumwall, wo es erstklassiges Labskaus gab, und bei dem zweiten gab es auch erstklassiges Labskaus, das war gegenüber dem Michel.

DI LORENZO Das gibt es heute noch (Old Commercial Room).

SCHMIDT Ja, das gibt es wohl noch. Der Sohn ist inzwischen der Kneipier.

DI LORENZO Und kreuzen Sie dort ab und zu noch auf?

SCHMIDT Nein, das macht zu viel Aufstand.

DI LORENZO Eine der Fragen, die am häufigsten gestellt wurden: Liegt Ihnen der weltoffene, aber linke FC St. Pauli mehr oder der ruhmreiche, aber abstiegsbedrohte HSV?

SCHMIDT Also, ich muss bekennen, als ich ein Junge war – wir wohnten damals in Barmbek –, war für mich Barmbek-Uhlenhorst der große Sportverein. Etwas später kam dann Viktoria, und noch später kam die Teilung in St. Paulianer und HSV-Leute. Mein Freund Hans Apel war ein Anhänger von St. Pauli, und ich bin ein Leben lang – mit Abstand, aber trotzdem – ein Anhänger vom HSV geblieben.

DI LORENZO Das Protokoll vermeldet: verhaltener Beifall. – Wir sitzen ja heute auch deswegen hier, weil wir morgen mit der ersten Hamburg-Ausgabe der *ZEIT* starten. In dieser Hamburg-Ausgabe gibt es zwei aufsehenerregende Stücke, finde ich. Eines von Klaus von Dohnanyi, das andere von Ole von Beust, und beide warnen die Hamburger vor ein paar Eigenschaften und ein paar Charakteristika, die sich hier eingeschlichen haben. Die Schlagzeile ist ein Zitat: »Wir sind ein großes Baden-Baden des Norden«. Läuft Hamburg Gefahr, in eine Art Schönheitsfalle zu tappen, dass man sich zu schnell mit dem zufriedengibt, was in der Stadt augenscheinlich gut und schön ist?

SCHMIDT Das ist eine komplizierte Frage. Sicherlich sind die Hamburger nicht sonderlich leichtfertig, aber sie nehmen es hin, dass sie schlechte Produzenten sind. Hamburg hatte einmal eine große Vergangenheit als Werftplatz – die Deutsche Werft, Blohm+Voss, Stülcken, ganz zu schweigen von Sietas. Es gab viele Werften, und die haben Tausende von Arbeitern beschäftigt. Heute gibt es nirgendwo eine Werft, und Sietas, die letzte kleine Werft, ist in Schwierigkeiten. Hamburg ist eine Handelsstadt und eine Seefahrerstadt, aber sowohl die Zukunft als Seehafen als auch die Zukunft des Außenhandels ist nicht ganz sicher. Eigentlich braucht das Volkswagenwerk keinen Exporteur mehr und auch keinen Importeur, das machen die alles selbst. Und das Gleiche gilt für Opel und für Ford, für BMW und für Daimler-Benz. Das heißt, die Hamburger müssten eigentlich Industriegüter herstellen. Sie haben zweimal Glück gehabt, einmal in Fuhlsbüttel, da ist die technische Basis der Lufthansa entstanden; das sind 10 000 oder 12 000 Arbeitsplätze. Und zum anderen ist auf Finkenwerder diese wunderbare Airbus-Industrie entstanden, das sind ein paar mehr Arbeitskräfte. Aber wo sind die großen elektronischen Unternehmen? Wo ist die moderne Entwicklung der Elektronik, der Vernetzung der Elektronik mit Hilfe von Satelliten? Das fehlt. Das ist eines der Gebiete, auf denen Hamburg dringend Aktivitäten nötig hätte. Inzwischen gibt es viele kleine Unternehmen, meistens siedeln sie sich außerhalb Hamburgs an wegen der Gewerbesteuer oder wegen der Bodenpreise. Hermann Göring hat 1937, als er das Großhamburg-Gesetz machte, nicht vorhergesehen, dass Hamburg über die Ufer treten würde, das ist aber inzwischen der Fall.

DI LORENZO Ole von Beust beklagt, wir beschwören unsere Internationalität und Weltoffenheit; wer aber wirklich international ist, der ist es eben und betont es nicht immer trotzig.

SCHMIDT Mhm.

DI LORENZO Und Klaus von Dohnanyi fügt hinzu, Hamburg bewegt sich kaum noch. Teilen Sie diese Einschätzung?

SCHMIDT Das kommt mir ziemlich bekannt vor. Ich habe heute vor 50 Jahren in der Zeitung *Die Welt* einen Brief an Hamburger Freunde geschrieben, das war 1962. Ich habe nicht meinen Namen daruntergesetzt, sondern drei Sterne – ein Dreisterne-Artikel, der eine Diskussion in der Stadt auslöste. Damals habe ich ähnlich wie heute Beust oder Dohnanyi beklagt, dass die Hamburger zu selbstzufrieden seien. Wahrscheinlich ist an dieser Klage etwas dran. Die Hamburger sind durchaus ein bisschen arrogant, wenngleich sie sorgfältig versuchen, das zu verschweigen und zu verstecken, aber ein bisschen ist da was dran.

DI LORENZO Eine letzte Frage, die bestimmt hundertmal gestellt worden ist. Ich komprimiere sie ein bisschen. Halten Sie das Rauchverbot in öffentlichen Räumen für eine dauerhafte Einrichtung? Oder glauben Sie an eine Modeerscheinung wie die Prohibition in den zwanziger Jahren in den Vereinigten Staaten?

SCHMIDT Das ist eine sehr persönliche Frage, und viele

Leute hören sich diese Antwort ganz genau an. Ich weiß, dass alle Ärzte auf der Welt heute der Meinung sind, dass das Rauchen die Verbreitung von Krebserkrankungen fördert. Ich selber rauche, seit ich 15 Jahre alt war, jetzt bin ich 95. Das heißt, ich rauche seit 80 Jahren und lebe immer noch, also bei mir stimmt das nicht. Vielleicht liegt es ja an meinen Ärzten, vielleicht habe ich ja auch bloß Glück gehabt, aber persönlich bin ich der Meinung, dass das mit dem Rauchverbot ein bisschen zu weit gegangen ist.

DI LORENZO Dann wissen wir ja, was diese Stadt Ihnen möglicherweise zum 100. Geburtstag schenken kann. Einen Tag lang Aufhebung …

SCHMIDT Was den heutigen Abend angeht, gehe ich davon aus, dass der Aschenbecher hierhin gestellt worden ist, weil er ein Teil der Inszenierung darstellt.

DI LORENZO So ist es. Lieber Helmut Schmidt, wir danken Ihnen von Herzen. Danke, dass Sie gekommen sind!

I WECKRUFE

Am 28. Juni 1962, gut vier Monate nach der Flutkatastrophe, erschien in der Tageszeitung Die Welt *unter der Überschrift* Brief an Hamburger Freunde *ein mit drei Sternchen gekennzeichneter Artikel, der den Hamburgern vorhielt, sie seien ein bisschen träge. Auch in der Bonner Politik suche man vergeblich nach Hamburgern. Weil Hamburg seine deutsche Aufgabe verkenne, kämen auch die Interessen der Stadt zu kurz. Der angeblich von einem Berliner stammende Brief erregte einiges Aufsehen, zumal da sein Verfasser die Anonymität wahren konnte. Anfang August ließ Schmidt an gleicher Stelle eine Fortsetzung folgen, wiederum anonym, diesmal:* Hamburg aus Bonner Sicht.

Mehr als zwanzig Jahre später, im April 1984, nahm sich Schmidt noch einmal des Themas an, beklagte den wirtschaftlichen Niedergang Hamburgs und mahnte überfällige Strukturreformen an: Hamburg muss neu anfangen. *Der damalige Erste Bürgermeister Klaus von Dohnanyi antwortete mit einem eigenen Artikel* Hamburgs Zukunft hat schon begonnen, *in dem er sich gegen seiner Ansicht nach unbegründete Vorwürfe zur Wehr setzte.*

BRIEF AN HAMBURGER FREUNDE

Wenn ich nicht Berliner wäre, so würde ich gern für immer in Hamburg bleiben wollen, vielleicht auch in München – aber wo sonst noch in Deutschland?

In Frankfurt verdienen sie zu viel Geld, in Düsseldorf zeigen sie es außerdem noch, in Stuttgart sind sie mir zu eifrig und in Neu-Bonn zu aufgeblasen.

Es bleibt Hamburg, diese großartige Synthese einer Stadt aus Atlantik und Alster, aus Buddenbrooks und Bebel, aus Leben und Lebenlassen. Ich liebe diese Stadt mit ihren kaum verhüllten Anglizismen in Form und Gebärden, mit ihrem zeremoniellen Traditionsstolz, ihrem kaufmännischen Pragmatismus und zugleich ihrer liebenswerten Provinzialität.

Aber ich liebe sie mit Wehmut, denn sie schläft, meine Schöne, sie träumt; sie ist eitel mit ihren Tugenden, ohne sie recht zu nutzen; sie genießt den heutigen Tag und scheint den morgigen für selbstverständlich zu halten – sie sonnt sich ein wenig zu selbstgefällig und lässt den lieben Gott einen guten Mann sein.

»Hamburg – das ist unser Wille zu sein«, so schrieb ein Sohn dieser Stadt. Aber ist Hamburg wirklich der Wille zu sein? – Die Hanseaten scheinen müde geworden. Albert Ballin, Sloman, Laeisz: Wer sind ihre Nachfolger?

Zwar ist immer noch ganz Hamburg stolz auf seine Schiffe; die aus Eimsbüttel genauso wie die von der Elbchaussee, Sozialdemokraten und Konservative gleichermaßen.

Aber in Wahrheit neigt sich die große Zeit des Primats von Hafen und Überseehandel. Die Hamburger starren auf die Häfen von Rotterdam und Bremen, auf EWG und EFTA – aber sie lassen es geschehen.

Nicht, dass sie nicht fleißig genug wären. Aber sie sind zu vornehm, ob sie Brauer heißen oder Sieveking. Sie streiten nicht gern und überlassen den Bonnern das Feld.

Wer eigentlich wäre eher legitimiert, der deutschen Außenwirtschaftspolitik Ziel und Richtung zu weisen, wer hätte größeren Sachverstand, um der Entwicklungshilfe zu raten, wer kennte die Sorgen Englands und Skandinaviens besser, wenn es um das Zusammenspiel dieser Länder mit der Europäischen Gemeinschaft geht, Länder, die seit Jahrhunderten Hamburgs Nachbarn und Partner waren und sind?

Leider jedoch fassen die Hamburger ihre Mitwirkung an der deutschen Politik als Pflichtübung auf. Ein Hamburger Bankier, vom Kanzler zum Gespräch über die Währung gebeten, wird zwar hingehen, aber innerlich wird er mit den Achseln zucken: Was für einen Zweck habe das schon?

Und die politischen Führer der Stadt haben sich ihre Bonner Pflichten bequem gemacht: Sie haben sich dort einen Botschafter bestellt, sogar mit einem Senatorentitel. Sie selbst aber kümmern sich nicht um Bonn. Sie halten nichts von Seebohm, vielleicht zu Recht; sie halten nicht viel von Erhard, vielleicht zu Unrecht; sie halten nicht viel von den Bonnern überhaupt und bleiben lieber für sich – gewiss zu Unrecht.

Nevermann begnügt sich damit, allseits geachteter Stadtvater zu bleiben, dabei könnte er ein politisch führender Geist der deutschen Sozialdemokratie sein. Schmidt war drauf und dran, es zu werden – aber er kehrte nach Hamburg zurück. Blumenfeld zwar ging nach Bonn, aber die Bundespolitik reizt ihn nur zur Hälfte, er bleibt Amateur und Politiker aus Liebhaberei; und Sieveking, letztes Exemplar des althamburgischen Bürgertyps: Er nahm die Politik nie ganz ernst, und jetzt verlässt er sein politisches Amt sogar zugunsten der dritten Garnitur seiner Partei.

Das Gewicht Hamburgs fehlt in Bonn. Es fehlt nicht nur gegenüber den Ministern Erhard, Starke, Scheel oder Seebohm – es fehlt vornehmlich innerhalb der CDU/CSU, gegenüber Adenauer, Dufhues, Strauß. Es fehlt innerhalb der Partei des Dr. Mende, und es fehlt auch innerhalb der SPD – selbst wenn wir Brandt zu den Hanseaten und Wehner wenigstens zur Hälfte zu den Hamburgern rechnen wollen.

Bonn als deutsche Hauptstadt ist ein trauriger Witz, aber eine Realität. Bonn prägt Deutschland seit dreizehn Jahren – fast schon eine halbe Generation. Der Klüngel von Rhein und Ruhr macht sich breit in Deutschland. Berlin ist gelähmt, und Hamburg schweigt.

Hamburg, Vorort der geistigen Freiheit, des Liberalismus im weitesten Sinne, das selbst eifrige Nazis wie Kaufmann und selbst eifrige Kommunisten wie Dettmann durch seine Atmosphäre erzog und prägte. Hamburg, Freistätte für Katholiken und Juden, für Religiöse und Freidenker, eine politische Landschaft, der die Pflanze Demokratie nicht aufgepropft werden musste, weil sie doch dort schon heimisch war, Hamburg ist dabei, seine deutsche Aufgabe zu verkennen und zu verpassen.

Es ist nicht getan mit Gründgens und Strawinsky, mit den neuen Schulen, Jugendheimen, den neuen Häusern für die Universität und mit der Internationalen Gartenbauausstellung. Es ist nicht getan mit dem weit getriebenen Versuch zum Grünflächenidyll in jedem Stadtteil, mit neuen U-Bahn-Strecken, mit Stadtautobahn und neuer City am Stadtpark.

Zwar ist dies alles gut, es ist sogar auch viel. Aber es ist weniger, als zu ihrer Zeit Lichtwark und Höger und Schumacher bewirkt haben. Es ist weniger, als das großartige Vorbild der hamburgischen Schule in den ersten Jahrzehnten dieses Jahrhunderts. Es mag genug sein für die Stadt Hamburg – es ist zu wenig für das Land, zu dem wir alle gehören.

Diese Stadt beherbergt ein unglaubliches Reservoir an weltweiter Erfahrung, an geistigem Potenzial, an realistischer Fähigkeit zur Kalkulation, an Toleranz und Prinzipientreue, an Weitblick und Wagemut. Verehrte Hamburger Gastgeber, liebe Freunde: Wisst Ihr eigentlich, was alles Ihr in Euren Händen haltet?

Macht Gebrauch von diesem Kapital, wuchert mit Eurem Pfunde. Macht Eure Schulen wieder zu bewunderten Beispielen, lasst Euren Schulkindern tolerante Demokratie eine alltägliche Selbstverständlichkeit sein.

Macht Eure Universität zu einer Akademie, an der es selbstverständlich ist, die Fragen nicht nur unserer Geschichte, sondern auch unserer politischen Gegenwart und Zukunft anzugehen, an der nicht nur die Sprachen Asiens und Afrikas, sondern ebenso auch die Sorgen und Nöte dieser Kontinente studiert werden, an der man nicht nur Juristen und Betriebswirte, Lehrer und Ärzte produziert, sondern zugleich Menschen mit dem Blick auf die Welt jenseits des Rheins und der Oder und Neiße, mit einem Wort: Hanseaten.

Macht Eure Kirche fähig, Volkskirche des 20. Jahrhunderts zu werden, eine Kirche nämlich, die den Menschen gibt, statt sie zu bevormunden.

Lasst Euren Senat mehr sein als treusorgendes Stadtregiment, lasst ihn sich verantwortlich wissen genauso für deutsches Schicksal insgesamt wie für das des Stadtstaates. Macht Euer Landesparlament und Eure Parteien fähig, zu erkennen, dass Teilbebauungspläne für Billstedt und Winterhude kommunalpolitische Selbstverständlichkeiten sind, dass aber die eigentlichen politischen Aufgaben dieser Stadt bis nach Helsinki oder Warschau, nach Djakarta oder Buenos Aires reichen, nach London, Washington und Moskau.

Begreift, dass Hamburgs diskreter Wohlstand, seine reservierte Anständigkeit und seine faire soziale Ordnung allein nicht ausreichen, um dem Maßstab gerecht zu werden, den die Geschichte des 20. Jahrhunderts an alle Deutschen anlegen wird.

Die Aufgaben der Zeit innerhalb Eurer Stadt für Eure eignen Bürger zu lösen, ist nicht leicht. Ihr zeigt täglich, dass Ihr es könnt. Aber Ihr könntet mehr. Die Aufgaben dieser Zeit, die für das ganze deutsche Volk gelöst werden müssen, brauchen Eure Kräfte stärker, als Ihr es ahnt.

Ich will Euch nicht schmeicheln und Euch auch keinen Grund zur Eitelkeit geben. Ihr seid ohnehin ein wenig zu stolz. Ihr sollt auch aus Hamburg kein Missionszentrum machen, Ihr seid ohnehin in Gefahr, Pöseldorf für den Nabel zu halten.

Ich will Euch nur bitten, nüchternen Sinnes das Spiegelbild zu prüfen, das ein Quiddje Euch hier vorhält. Sofern nur ein weniges darin für richtig befunden werden sollte: Es wäre wohl noch nicht zu spät.

Hanseatentum muss nicht eine Sache vergangener Zeiten und deshalb bloß eine des Lesebuches sein – Hanseaten werden gegenwärtig in der deutschen Politik dringend gebraucht.

HAMBURG AUS BONNER SICHT

Wie ich sehe, hat Euch ein wohlmeinend kritischer Brief aus Berlin ein wenig aus Eurer selbstgenügsamen Ruhe gerüttelt. Den Leserbriefen nach zu urteilen, die man in der *Welt* liest, scheint das schlummernde Hamburg zu erwachen. Vielleicht war dieser neue, offene Ton, in dem Euch einige Wahrheiten gesagt wurden und den Ihr aus den Reden Eurer Politiker und den Artikeln Eurer Zeitungen nicht kennt, einmal nötig, um den schlafenden Riesen an seine Kräfte zu erinnern.

Auch aus Bonner Sicht lässt sich einiges zu diesem Bild beitragen, das Hamburg vorgehalten werden muss, wenn man die Stadt und ihre Menschen liebt und gerade deshalb zuweilen an ihrem mangelnden Temperament, ihrer Neigung zur Selbstgefälligkeit und Selbstbemitleidung verzweifeln kann.

Ihr betrachtet »Neu-Bonn« gern geringschätzig, und selbst Euer Berliner Freund scheint hamburgisch infiziert zu sein, wenn er die Bundeshauptstadt als »aufgeblasen« bezeichnet. Diese Betrachtungsweise ist ganz unberlinisch. In Berlin lässt man in selbstverständlicher Weltmanier und Toleranz gelten, was gilt, und fragt nicht nach Herkunft und Größe, wie man es nach provinziellem Muster in Hamburg gern tut. Warum beurteilt man in Hamburg alles am Maßstab eigener Herkunft und Größe und stößt damit andere allzu leicht vor den Kopf!

Bonn ist Euch verdächtig, wenn nicht unsympathisch. Warum eigentlich? Warum gibt es im Interessenkonzert der Bundesländer mit dem Bund in erster Linie immer wieder aus Hamburg klagende Misstöne gegen Bonn, welche Partei auch den Senat stellt? Warum wird rechthaberisch gestritten, wo es gilt, sich mit diplomatischem Geschick zu akkordieren? Ich denke an das unwürdige Feilschen um die restliche Spitzenfinanzierung der Staustufe Geesthacht, an die Atom-Volksbefragung, an das Misstrauen in die Zusagen des Bundes zur Vertiefung der Unterelbe und jüngst an die Kritik, dass die Regulierung der Sturmflutschäden zu lange auf sich warten lasse.

Wann hört man jemals aus Hamburg Zustimmung zu einer politischen Aktion des Bundes? Wann wird gesagt und einmal anerkannt, was eigentlich Bonn für Hamburg ist? Freilich, Eure Bundestagsabgeordneten scheinen sich durchweg selbst von Hamburg zu distanzieren. Und einige schämen sich zuweilen gar ihrer Herkunft, wenn Hamburg wieder einmal auf dem falschen Bein Hurra! schreit.

Was tut denn Hamburg, um den Takt in Bonn mitzubestimmen? – Sieveking verspielte manchen Kredit durch überflüssige Ketzereien, die man in Hamburg stolz dem »freien Hanseatengeist« zugute hielt, ohne zwischen Nutzen und Schaden abzuwägen. Bucerius und Blumenfeld fielen just vor den Wahlen mit ganz unhansischer Leidenschaft, nämlich reichlich blindlings, über den Spitzenkandidaten und Kanzler aus ihren eigenen Reihen her. Dann gab der eine das Rennen beleidigt auf, und der andere schweigt.

Schmidt beschimpfte, als er noch Abgeordneter war, lauthals und vor aller Öffentlichkeit im Bundeshaus Euren Finanzsenator, und eine Strafpredigt Wehners, die Euer Bürgermeister Nevermann ebenfalls wegen angeblich mangelhaften Einsatzes für die Hamburger Interessen über sich ergehen lassen musste, ist auch »Bonnbekannt«, obwohl sie nicht in der Öffentlichkeit stattfand.

Ihr habt extreme Verhältnisse. Die SPD steht bei Euren Wahlen weit über, die CDU weit unter dem Bundesdurchschnitt im Kurs. In Bonn ist so etwas normalerweise nicht verdächtig, sondern eher alarmierend. Aber die Parteizentralen ziehen keinerlei Konsequenzen. Das muss doch an Euch liegen.

Wer von der Hamburger SPD trumpft auf: »Wir haben euch gezeigt, wie man es macht«? Und wer von der Hamburger CDU warnt: »Da habt ihr die Quittung für eure Vernachlässigung Hamburgs«?

Ja, wer aus Hamburg tritt in Bonn eigentlich auf. – Da gibt es quengelige Briefe Eures Zweiten Bürgermeisters Engelhard, der mit Seebohm nicht zurechtkommt und nirgendwo Hilfe zu finden weiß. Von Euren Bundestagsabgeordneten habe ich schon gesprochen. Und Eure Zeitungen, Eure Journalisten? – Sie kommen nicht oder nur selten und ungern nach Bonn und rümpfen verächtlich die Nase!

Wo hat Hamburg eigentlich Freunde in Bonn? Was

macht eigentlich Euer berühmter ehemaliger Bürgermeister Max Brauer? – Was tut er in Bonn für Hamburg? – Man hört und sieht auch von ihm nichts. Manchmal hat man den Eindruck, als fühlten sich die Hamburger zu vornehm, um sich mit diesem »kleinen Provinznest« abzugeben.

Ihr habt Euren Vertreter in Bonn, einen außerordentlich gebildeten, kultivierten Mann, zum Senator gemacht, um ihm mehr politische Durchschlagskraft zu geben. Die Idee war gut und richtig. Aber der Effekt? – Jetzt zweifelt man bei Euch, ob Eure Senatoren dadurch vielleicht zu bequem geworden sind, selbst öfter nach Bonn zu kommen.

In Bonn kann man daraus nur schließen, dass Hamburg Kontakte nicht nötig zu haben glaubt. Oder wie sonst soll man es verstehen, dass Ihr auch Euren bewährten leitenden Beamten der Vertretung abberufen und durch einen jungen Oberregierungsrat ersetzen wolltet und dass zu Verhandlungen oder Ausschusssitzungen des Bundesrates im Gegensatz zu den anderen Bundesländern aus Hamburg oft nur untergeordnete Beamte geschickt werden? Hamburg muss ja wissen, wie es am besten fährt!

In Bonn hat man andere Sorgen. Sie sind oft größer und umfassender als regionale Interessen. Aus Bonn nimmt sich Hamburg wie ein reicher, mächtiger Querulant aus, der zwischen der Vornehmheit, Verhandlungen abzulehnen, und der Schwäche, seine Wünsche und Forderungen in die Welt zu schleudern, nie das rechte Maß findet, sich einzuordnen und an den gemeinsamen Aufgaben mitzuarbeiten. Wann und wo ist jemals deutlich gemacht worden, dass Hamburg sich in diesem Sinn einem nationalen Auftrag verpflichtet fühlt?

Ihr pocht auf Traditionen und Erfahrungen. Sie sind heute in Bonn – und auch in Berlin – kein Maßstab. Sie können es nicht sein. Bonn ist an seiner problematischen Hauptstadt-Situation so wenig schuld wie Hamburg daran, dass es sein Hinterland verlor. Und ohne die westlich orientierte Entwicklungstendenz der Bonner Politik wäre Hamburg längst verloren, obwohl es davon weniger profitiert als seine Konkurrenten. Wo ist die Hamburger Stimme, die dies einsieht und anerkennt?

Kein Wunder, dass Hamburgs Räuspern in Bonn allzu leicht als Symptom einer störenden Zentrifugalkraft buchstäblich am Rande empfunden wird, das man nur zu gern überhört oder übertönt! Aber wer in Hamburg orientiert sich an Bonn und seinen Aufgaben, Schwierigkeiten und Tendenzen?

Ihr seid jahrelang zu vornehm gewesen, Euch in direkte Verhandlungen mit der schleswig-holsteinischen Nachbargemeinde Garstedt über die Erweiterung Eures Flughafens einzulassen. Ihr habt dafür Euren Preis bezahlen müssen, nachdem wenigstens Nevermann erkannt hat, dass diese Einstellung absurd ist. Ihr seid dabei von Euren Nachbarländern buchstäblich an der Nase herumgeführt worden – aber liegt die Schuld dafür nicht letztlich bei Euch selbst?

Und ist es nicht auch ähnlich in Eurem Verhältnis zu Bonn? Niemand erwartet hier, dass Hamburg sich quasi »unterwirft«. Wir erwarten Vorschläge, Taten, Leistungen. Hamburg braucht sich seiner Aufbauarbeit gewiss nicht zu schämen. Sie wird auch in Bonn anerkannt.

Wenn man aber in Hamburg auch das als eigene Leistung dekoriert, was Bonn finanziert, und andererseits Bonn alle Schuld dafür in die Schuhe schiebt, wenn etwas nicht auf Anhieb klappt, dann darf man sich nicht wundern, wenn man in Bonn zum Beispiel eine andere Stadt als Sitz der Gesellschaft für Entwicklungshilfe vorzieht, und zwar ohne Rücksicht auf sachliche Gründe.

Denn auch in Bonn sitzen nur Menschen. Das scheint man in Hamburg zu vergessen. Sonst hätte Hamburg, wie die benachbarten Küstenländer, in Bonn längst Freunde gefunden, die sich aus Überzeugung für die Hansestadt starkmachen. Sonst wäre auch die skandalöse Behandlung des Nordsüdkanal-Projektes durch den Bundesverkehrsminister nicht möglich. Wenn Hamburg sich über schlechte Behandlung in Bonn wundert, sollte es die Ursachen zuerst bei sich selbst suchen.

Der »Hanseatengeist« von heute scheint nicht mehr zu handeln oder wenigstens zu verhandeln, sondern schmollend beiseite zu stehen und auf Bonn zu schimpfen. Er tröstet sich mit der Devise: »Es schadet Bonn gar nichts, wenn wir frieren!« Genau diese kindlich-eigensinnige Einstellung aber ist es, die man in Bonn nicht schätzt, wo man in solchen Fragen weit weniger provinziell zu denken und zu handeln pflegt, als es die Hamburger von ihrem vermeintlich hohen Kothurn aus glauben, von dem herabzusteigen sie offenbar als unerträgliche Zumutung empfinden.

Aus Bonner Sicht jedenfalls ist die Frage, ob und wie weit sich Hamburg mit Bonn akkordiert, in erster Linie eine Sache der Hamburger, ihrer Politik und Diplomatie, ihrer Bereitschaft und Fähigkeit, sich den gegebenen

Umständen anzupassen und daraus das Beste zu machen, wie es nach einem auch in Hamburg geltenden angelsächsischen Wort heißt.

Wenn Hamburg sein Maß zwischen Schlafen und Schimpfen endlich findet, wenn es seine oft reichlich vorurteilsvolle Aversion gegen Bonn aufgibt, wird es auch die Rolle spielen können, die ihm von Natur aus in Deutschland zukommt. Auch darüber sollte man sich in Hamburg klar zu werden versuchen.

HAMBURG MUSS NEU ANFANGEN

Von einem großen Künstler hörte ich neulich, Hamburg sei schön, es sei die grünste Großstadt Europas. Meinen Einwurf, das Hamburger Wetter sei allerdings wohl genauso schlecht wie dasjenige Londons, nur nicht so berühmt, schob der Gast souverän beiseite: Hamburg sei jedenfalls schön von Mai bis Oktober, und im Winter gebe es ja gute Konzerte und gutes Theater. Ich wollte mein hamburgisch-pflichtschuldiges Understatement nicht noch weitertreiben, deshalb habe ich sein zweites Diktum nicht mehr diskutiert.

Für mich selbst habe ich gezweifelt, ob wirklich das Konzert- und Theaterleben von heute die Hamburger für ihr Schmuddelwetter entschädigt. Vor allem habe ich mich gefragt: Was ist es eigentlich, das Reiz und Bild dieser Stadt ausmacht? Ich bin der Frage nachgegangen. Dabei hat sich ein zwiespältiges Gesamtbild ergeben.

Vielerlei Minusposten, von dem schlechten Zustand der größten deutschen Reederei Hapag-Lloyd und fast aller Werften bis zum Beinahe-Zusammenbruch von Schröder, Münchmeyer, Hengst & Co.; von der Schwerfälligkeit hamburgischer Bürokratie bis zur Sterilität aller vier politischen Parteien; von der Schmalheit hamburgischer Kultur- und Schulpolitik bis zur Zuschauerleere zweier Staatstheater.

Aber auch vielerlei Habenposten: einige Unternehmen mit Weltklasse-Produkten, von Steinway und Diamant-Winter bis Hauni und Beiersdorf; ein hochleistungsfähiger Hafen; eine leistungswillige, gut ausgebildete, sehr zuverlässige Facharbeiterschaft und voll wettbewerbsfähige, immer breitere Schichten von kaufmännischadministrativer und technischer Intelligenz; ein großes Reservoir an Realitätsbereitschaft; eine breite Tradition kultureller und künstlerischer Aufnahmebereitschaft. Vor allem aber die in zwölf Jahrhunderten des Auf und Ab ungebrochene Fähigkeit zum Neubeginn.

Die Hamburger haben nach allen Katastrophen nie gezögert, neu anzufangen. Wahrscheinlich ist es genau diese Qualität, die gegenwärtig am meisten benötigt wird, obgleich gar keine Katastrophe vorliegt. Wohl aber leidet die Stadt an einem ihr nicht ausreichend bewussten strukturellen wirtschaftlichen Umbruch – ebenso wie Emden, Bremen, Hannover, Braunschweig, Kiel und Lübeck, ebenso wie die schwerindustriell orientierten Regionen an Rhein und Ruhr. Der Vietnamkrieg und, zum kleinen Teil, die vorübergehende Schließung des Suezkanals hatten der Welt eine Nachfrage nach Stahl und nach Schiffsraum vorgetäuscht, die keineswegs nachhaltig bleiben konnte; zugleich hat die damalige Übernachfrage verdeckt, dass inzwischen neue Stahl- und Schiffbaukapazitäten und Reedereien sich in Ländern entfalteten, die wegen weit niedrigerer Löhne und Sozialleistungen uns ohne Mühe unterbieten können.

Heute haben wir es mit einer umfassenden Struktur-krise in den Regionen der alten »Schornstein-Indu-strien« zu tun, von Pittsburgh bis Duisburg, von Liver-pool bis Bremen oder Kiel; die Weltwirtschaftskrise seit der zweiten Ölpreisexplosion hat diesen Tatbestand of-fengelegt.

Die heutigen, relativ hohen Ziffern der Produktion und der Beschäftigung in den Regionen der neuen In-dustrien sind dazu das positive Spiegelbild. Die ehe-maligen Regionen der alten Textilindustrie haben einen großen Teil ihrer strukturellen Umstellung schon hinter sich. Hamburg und die Küstenländer Norddeutschlands haben den größten Teil noch vor sich.

Natürlich müssen der Therapie Anamnese und Dia-gnose vorausgehen. Bürgerschaftspräsident Peter Schulz hatte deshalb recht, wenn er am 15. Februar eine »red-liche Bestandsaufnahme« verlangte, um die Frage nach der »Lebensfähigkeit Hamburgs im nächsten Jahrhun-dert als leistungsfähige Metropole in einer gefährdeten Region« beantworten zu können.

In diesem Satz steckt zugleich schon eine verborgene Antwort auf eine vordergründige Teilfrage. Natürlich leidet das minikleine Staatsgebiet, über das die *urban area* von bald drei Millionen Menschen wirtschaftlich, sozial und kulturell längst hinausgewachsen ist, unter den für alle verdichteten Bevölkerungszentren typi-schen Überforderungen: Flächenknappheit; relativ zu hohe Bodenpreise; hohe, unumgänglich nötige Umwelt-schutzauflagen; scharfe Konkurrenz zwischen den vier wichtigsten Bodennutzungen: Wohnen, Produzieren, Verkehr und Freizeit. Die Nazis haben 1937 mit dem

Groß-Hamburg-Gesetz das Kleid zu klein geschneidert. Aber eine Korrekturmöglichkeit gab es nur einmal, nämlich anhand der längst ausgelaufenen Bestimmungen des Grundgesetzes zur Neugliederung des Bundesgebietes. Heute ist die Chance dafür gleich null.

Die Hamburger täten deshalb gut daran, sich mit den – allerdings misslichen – Tatsachen abzufinden. Schon vor zwanzig Jahren war in einem damals sozialliberalen Senat die Überzeugung gewachsen, dass die vier Küstenländer sich gegenseitig so behandeln sollten, als gäbe es die kleinstaatlichen Grenzen zwischen ihnen gar nicht. Gegen diese Einsicht ist seither von verschiedenen Seiten mehrfach verstoßen worden.

Schulz hat recht: Die ganze Region ist gefährdet. Es nutzt den Hamburgern nichts, ihre kostenträchtigen Serviceleistungen den Bürgern des außerhamburgischen Umlands verweigern oder Gewerbeverlagerungen ins Umland verhindern zu wollen. Ohne Wohlergehen der ganzen Region könnte es auch Hamburg nicht sehr gut gehen. Es bleibt deshalb ein vordergründiger Streit, ob es vernünftig sei, in Norderstedt oder Glinde von Bundes wegen finanzielle Zonenrandförderung bereitzustellen, nicht aber zwei Kilometer davon entfernt in Hamburg-Ochsenzoll oder Hamburg-Bergedorf. Denn diese lokalen Wettbewerbsverzerrungen werden dominant überlagert durch das aus hergebrachter Wirtschaftsstruktur stammende Nord-Süd-Gefälle zwischen dem nord- und westdeutschen Flachland einerseits und Hessen, Rheinland-Pfalz, Baden-Württemberg und Bayern andererseits.

Von der Produktion von Kuckucksuhren konnte man

auf Quarzuhren oder Mikroelektronik leichter umsatteln als vom Hochofen, vom Walzwerk oder von der Seeschiffswerft auf diffizile Höchstleistungsproduktionen auf den Feldern der neuen Technologien. Trotzdem ist gerade hier Umsatteln nötig. Zwar werden Spitzenleistungen technischer Qualität aus den alten Industrien Hamborns, Dortmunds, Hamburgs oder Bremens sich auch in Zukunft behaupten – nicht aber weniger intelligente Massenproduktion. Insgesamt haben sowohl die Ruhr-Landschaft als auch die norddeutsche Küstenlandschaft ein tiefgreifendes Umdenken nötig. Und Hamburg hat es dabei relativ leichter als die anderen Teilregionen. Denn vielerlei Ansätze sind hier schon eingeleitet; und die Zahlen der neu- und umzuorientierenden Arbeitnehmer sind ihrem relativen Gewicht nach kleiner.

Die Umstrukturierung muss in erster Linie von den Unternehmensleitern, von den freien Berufen und vom Gewerbe ausgehen; die Arbeitnehmer und ihre Gewerkschaften müssen bereit sein mitzugehen. Von der Politik und der Verwaltung kann Orientierung gegeben werden – jedenfalls ist aber Hilfestellung von ihnen zu verlangen.

An alledem mangelt es heute in Hamburg. Wenn man das Verhalten am Zweck der optimalen Umstrukturierung misst, so bewegen sich die hamburgischen Gewerkschaften relativ am vernünftigsten, Politik und Verwaltung dagegen am wenigsten vernünftig; das Unternehmertum ist teilweise exzellent, meistenteils aber eher konservativ und träge. Im Durchschnitt ist bisher die unternehmerische Leistung in Hamburg für die große Aufgabe im Sinne Peter Schulz' unzureichend.

Doch zunächst soll von der Politik die Rede sein. Bürgermeister von Dohnanyi hat Ende November 1983 im Übersee-Club eine weithin zutreffende Rede über die wirtschaftliche Zukunft und über die Notwendigkeiten Hamburgs gehalten. Die Tragik der Rede liegt in ihrem Kontrast zur Wirklichkeit des Handelns und Nicht-Handelns der Rathaus-Parteien, einschließlich der Mehrheitspartei SPD. Das schöne Wort Wilhelm Kaisens, Bremen müsse von Kaufleuten und Arbeitern gemeinsam regiert werden, galt damals sicherlich genauso für Hamburg. Max Brauer, Paul Nevermann und Herbert Weichmann haben das noch gewusst; sie haben ihren großen persönlichen Einfluss aufgeboten, damit ihre Stadt sich danach richtete. Aber im Laufe der siebziger Jahre taten die Politiker der Stadt dies nur noch in immer geringerem Maße. Heute müsste übrigens an die Stelle des Wortes Kaufmann das weitergreifende Wort Unternehmer treten. Tatsächlich aber spielen weder große Unternehmensleiter noch große Arbeiterführer eine ausreichende Rolle bei der Gestaltung ihrer Stadt.

Die hanseatische CDU ist gekennzeichnet durch die Abwesenheit der Hoffnung, einmal die Rathaus-Mehrheit bilden zu können; dies ist seit 1946 nur ein einziges Mal vorgekommen. Wegen dieser Aussichtslosigkeit war es für tüchtige Menschen aus dem unternehmerischen Lager nie attraktiv genug, ihre abendliche Freizeit auf die christdemokratische Landes- und Kommunalpolitik zu verwenden. Als aber 1953 ein einziges Mal in Gestalt des tüchtigen Kurt Sieveking ein CDU-Bürgermeister ins Rathaus kam, fand er im CDU-Anhang kaum ausreichend befähigte Personen vor, die bereit waren, für ein Senatorenamt ihr eigenes Geschäft in andere Hände zu geben. So ist es auch heute; deshalb muss sich die hamburgische CDU mit den Herren Perschau und Echternach begnügen: fleißig bemüht, aber eben auch kleinkariert, ohne großen Überblick über die Zukunft. Ein einflussreicher Arbeitnehmerflügel kam nie zustande. Letztlich ist die CDU nie eine Herausforderung für die (fast) immerwährende Regierungspartei geworden.

Natürlich ist die Hamburger SPD keine Unternehmerpartei, das war auch nie zu verlangen. Aber sie hatte bis in die sechziger Jahre doch einen starken Rückhalt in Handwerk und Gewerbe; Handwerksmeister, Einzelhändler, leitende Angestellte großer privater Unternehmen und sogar Bankiers übten einen erheblichen Einfluss auf sozialdemokratische wirtschafts- und sozialpolitische Willensbildung aus. Dieser Einfluss und die dahinter stehende Erfahrung sind inzwischen von wirtschaftsfernen Lehrern und anderen Akademikern beiseite gedrängt worden. Statt legitimierter Arbeiterführer wie Heinrich Steinfeldt oder Karl Vittinghoff spielen Wortführer aus dem öffentlichen Dienst die größte Rolle – zumeist ohne eigene wirtschaftliche Erfahrung. Die Erklärung eines Stadtteils zur atomwaffenfreien Zone erscheint manchen von ihnen bedeutsam; die Ansiedlung oder Erweiterung eines Industriebetriebes erscheint ihnen dagegen eher lästig, weil mit Geräusch, Geruch und Verkehr verbunden. Zwischen Unternehmertum und den Gremien der hamburgischen SPD besteht kein Gesprächsverhältnis: Man hält sich gegenseitig eher für ein unvermeidliches Übel – beiderseitig zu Unrecht.

Die FDP hat sich selbst aus dem Rathaus abgemeldet,

als sie entgegen ihren eigenen politischen Instinkten zuließ, von ihrer Bonner Zentrale manipuliert zu werden. Sie könnte zur Umstrukturierung der hamburgischen Wirtschaft dann beitragen, wenn sie personell an die Linie zu Zeiten von Edgar Engelhard und Ernst Plate wieder anknüpfen und führungswillige Personen aus den Bereichen des Gewerbes und der freien Berufe präsentieren würde. Einstweilen jedoch ist von der FDP kein Honig zu erwarten.

Das gilt ebenso für die Grünen und ihre teils intellektuell-utopistischen, teils ökologisch-idealistischen, teils kommunistischen Farbtupfer. Sie machen das Gesamtbild lebendiger, aber zum konstruktiven parlamentarischen Handeln fehlen Erfahrung und Wille gleichermaßen.

So bleibt die Freie und Hansestadt politisch auf die Vitalität des eigentlichen Stadtregiments angewiesen, das heißt auf die Kraft des Senats, dessen Mitglieder zugleich die Chefs der diversen Zweige der städtischen und zugleich staatlichen Verwaltung sind. In dieser Funktion stehen Senat und Senatoren unter einem dreifachen Handicap.

Zum Ersten sind fast alle Senatoren mindestens in den ersten Jahren ihrer Amtszeit ohne administrative Erfahrung. Das verführt dazu, normale Verwaltungsabläufe und -entscheidungen als Politik misszuverstehen und in ungebührlichem Maße politischen Attitüden auch dort zu folgen, wo lediglich sachkundiges zweckorientiertes Handeln geboten ist. Auch die Bürgerschaft als Ganze neigt stark dazu, ihre Stadtratsfunktion künstlich zu politisieren; keineswegs vertragen alle Tagesordnungspunkte eines Stadtrates eine künstliche Polarisierung durch Regierungs- und Oppositionsparteien. Und manche Punkte stehen – zu Unrecht! – nur deshalb auf der Tagesordnung, damit überhaupt genug Stoff für die allzu häufig stattfindende Bürgerschaftssitzung vorhanden sei.

Zum Zweiten ist das Zusammenspiel zwischen den zentralen Verwaltungen und den sieben Bezirksverwaltungen und deren jeweiligen Parlamenten und Ausschüssen von unnötiger Schwerfälligkeit und von wirtschaftsfeindlicher Langsamkeit. Die bisweilen beklagte »Balkanisierung der Stadt in sieben Bezirke« ist keineswegs so weit getrieben wie in Berlin; im Gegenteil: Die Bezirke haben zu wenig Kompetenzen auf zu wenigen Feldern, auf denen sie selbst abschließend entscheiden können. Infolgedessen kann ein Bauantrag oder ein Radfahrweg zu endlosen Konflikten führen. Es gibt tausend ehrenamtliche Verwaltungsgremien in Hamburg, deren Existenz und Aufgabe als »Demokratisierung der Verwaltung« missverstanden und die überdies auch noch ungebührlich politisiert werden, weil man de facto von einer der politischen Parteien dorthin entsandt wird.

Des ständigen Gerangels wegen zwischen den zentralen Fachbehörden der Senatoren und den Bezirksämtern und ihren ehrenamtlichen Gremien, in das sich oft genug dann auch noch Bürgerschaftsfraktionen einmischen, benötigt ein gewöhnliches gewerbliches Bauvorhaben drei, vier und mehr Jahre an bürokratischem Vorlauf. Das geht in einigen attraktiven Großstädten Süddeutschlands sehr viel schneller. Die Bundesbaugesetzgebung nebst Urteilen, Rechtsverordnungen und Kommentaren ist zwar ein hypertropher Dschungel –

vielleicht noch den europäischen Agrar-Marktordnungen vergleichbar –, aber mit Einfühlungsvermögen und Vernunft ist sie andernorts immer noch handhabbar.

Seit über zwei Jahren liegt ein luzider Bericht einer Kommission unter Vorsitz des ausgezeichneten Staatsrats Haas vor, der soeben der Altersgrenze wegen in den Ruhestand gegangen ist. Die Kommission hat 48 Vorschläge zur Verbesserung der Verwaltung vorgelegt. Fast alle von ihnen sind brauchbar; denn sie würden zu klarerer Trennung der Verantwortlichkeiten und zur Beschleunigung der Verwaltungsabläufe führen. Aber sie treffen auf *vested interests*, und deshalb ist bisher kaum etwas davon verwirklicht worden.

Das Wichtigste wäre: Die Bezirksämter und -versammlungen durch Zuweisung der in ihrem Bezirk aufkommenden Gewerbesteuererträge (nicht aber der Kompetenz über die einheitlich zu regelnden Hebesätze) erstmalig und endlich zu interessieren am unternehmerischen und wirtschaftlichen Ergebnis; ihnen sodann Kompetenzen und Verantwortlichkeit zuzuweisen, die auf der Grundlage der soeben gewonnenen eigenen Einnahmen im Rahmen eines eigenen Etatrechtes zu finanzieren sind; und schließlich Fachaufsicht durch die zentralen Senatsfachbehörden und ein limitiertes Evokationsrecht des Senats, um überörtlich bedeutsame Sachen an sich ziehen zu können. Für ähnliche Regelungen bin ich schon vor zwanzig Jahren als Senator eingetreten – sie wären heute dringlicher als damals.

Das dritte Handicap liegt in der Verfassung – sowohl im Text als auch in der Verfassungswirklichkeit. Die Kollegialität des Senats mit ihrer extremsten Ausprägung durch die Vorschrift, dass der Senat jedes Jahr erneut den (die) Bürgermeister aus seiner Mitte wählt, ist in Wahrheit fünfundzwanzig Jahre lang durch das persönliche Gewicht und die persönliche Autorität der jeweiligen Ersten Bürgermeister gemildert worden.

In den letzten anderthalb Jahrzehnten hat de facto nicht die Bürgerschaft die Senatoren gewählt, sondern der praktisch permanent fungierende Landesparteitag der SPD und ebenso hat dieser sich tief in die Einzelgeschäfte von Senat und Bürgerschaft eingemischt.

Dieser Landesdelegiertenkörper repräsentiert nicht so sehr die Einwohner und Bürger der Stadt insgesamt als vielmehr überwiegend bloß ihren öffentlichen Dienst. Im öffentlichen Dienst ist das Interesse an der Regelung öffentlicher Angelegenheiten relativ stark ausgeprägt; er hat allerdings auch genug freie Zeit, dies zu tun. Bedenklich ist das zwangsläufig starke Übergewicht der *vested interests* der Verwaltungsangehörigen über diejenigen, deren Erfahrungen, Einsichten und Interessen aus privaten Bereichen von Wirtschaft und Gesellschaft herrühren.

Ein Paradebeispiel der letzten Wochen war der innerhalb des SPD-Landesparteitages ausgefochtene Streit, ob sozialdemokratischer Senat und sozialdemokratische Bürgerschaftsmehrheit weniger oder mehr Planstellen beschließen sollen, um auf diese Weise die allgemeine Arbeitslosigkeit zu steuern. Dass Keynes'sches *deficit spending* für eine Stadt, die – ohne eigene Währung, Notenbank-, Steuergesetzgebung – in nationale Zwangsläufigkeiten eingebunden ist, nicht anwendbar sein kann, war nur mühsam verständlich zu machen. Dass ein an der Grenze seiner Kreditaufnahmemöglichkeiten operierender kleiner Stadtstaat keine fiskalisch autonome Beschäftigungspolitik verwirklichen kann, dass eine Wirtschaftsstrukturkrise nicht durch höhere Personalausgaben behoben werden kann, das wurde noch weniger gerne gehört. Dass man bei alledem drauf und dran war, die hamburgischen Verfassungsorgane zu nötigen, bleibt weitgehend unbewusst.

Der Senat könnte Mitleid verdienen, wenn nicht einzelne seiner Mitglieder und seiner leitenden Beamten sich munter an diesem Spiel gegen den Senat beteiligten. Innerhalb des Senats beruft man sich auf die Kollegialitätsverfassung und verweigert dem Bürgermeister das faktisch notwendige Minimum an Richtliniensetzung – außerhalb des Senats ist aber von Kollegialität wenig zu spüren, mehr jedoch von kaum mehr verhüllter Fraktionsmacherei gegeneinander.

Herbert Weichmann hat dies in seinen letzten Lebensjahren deutlich und scharf kritisiert, aber nicht viel damit erreicht. Denn die einflussreichen Fädchenzieher hängen nicht von ihrem eigenen öffentlichen Ansehen ab, sondern von den Mehrheitsbeschlüssen in den Hinterzimmern, in denen die Gruppen sich versammeln. Da es keine Wahlkreise gibt (und auch keine öffentlichen *primaries*), braucht sich niemand persönlich dem öffentlichen Urteil der Wähler zu stellen – niemand braucht persönlich ihr Urteil zu befürchten. Ausnahme ist lediglich Bürgermeister von Dohnanyi. Er und einige wenige herausgehobene Senatoren, ebenso der Fraktionsvorsitzende Voscherau und einige wenige herausragende Parlamentarier tragen tatsächlich die Last der öffentlichen

Verantwortung – andere tummeln sich in bequemer Anonymität.

Diese Konstellationen sind weder untypisch für deutsche Großstädte im Allgemeinen noch untypisch für CDU, FDP oder Grüne. Sie entsprechen allgemeinem Durchschnitt. Aber für den Anspruch, »Tor zur Welt« zu sein, liegt der gemeinsame Nenner reichlich niedrig.

Wenn diese Stadt ihren europaweit hervorragenden allgemeinen Lebensstandard, ihren hoch herausragenden Standard sozialer Leistungen halten will, wenn sie ihren Vorsprung halten will, dann muss sie viel Neues anfangen.

Da andere Menschen und andere Unternehmungen in anderen Teilen der Welt inzwischen weitgehend das Gleiche anbieten, und zwar zum Teil zu geringeren betriebswirtschaftlichen und sozialen Kosten und deshalb zum Teil zu geringeren Preisen, gibt es für Hamburg prinzipiell nur zwei mögliche Wege. Entweder müssen die Hamburger auf ihren Vorsprung an Arbeits- und Renteneinkommen verzichten. Oder sie müssen durch neue oder durch bessere Produkte und Dienstleistungen neue Wettbewerbsvorteile erarbeiten. Das Erstere will eigentlich niemand in Kauf nehmen. Das Zweite als akute Notwendigkeit zu verstehen und danach zu handeln, ist das Problem aller Bürger der Hansestadt.

Dabei kann und sollte die geistige Führung in die richtige Richtung von Dohnanyi, von Voscherau, von Lange und König ausgehen, ebenso von Perschau, Müller-Link (und, bitte sehr, auch von den führenden Personen der Handelskammer!). Aber das Tun, das Handeln, das

Unternehmen des Neuen, die Innovation der Produktions- und Leistungspalette: Dies hat von den Unternehmensleitern, von den Ingenieuren, von der angewandten Naturwissenschaft, von der Medizin zu kommen – auch von den Banken und den freien Berufen.

Wieso gibt es keine weltumspannenden Rechtsanwaltsfirmen oder Wirtschaftsberaterfirmen, die von Hamburg ausgehen? Wieso kann Hamburg nicht das Zentrum einer kategorischen Verbreiterung der Eigenkapitalbasis leistungsfähiger, innovationswilliger mittlerer deutscher Industrieunternehmen sein mit Schwerpunkt in der Entwicklung des Aktienmarktes und der Beteiligung? Senat und Verwaltung haben Hilfen zu leisten. Aber sie können keine weltweit patentfähigen Erfindungen oder Verfahren entwickeln, von denen die Hamburger gut leben.

Die Bürgerschaft muss sich dabei auch um die Ökologie kümmern, denn ohne Ökologie könnten wir zukünftig nicht leben; aber wir können auch zukünftig nicht von der Ökologie leben. Und wenn Millionen von Hafen und Industrie leben wollen, so müssen sie ein Minimum von Lärm und Dreck ertragen. Als wichtigste Aufgabe muss die umsichtige Förderung und Hilfe des wirtschaftlichen Strukturwandels verstanden werden – nicht aber der Schrebergarten plus Parkplatz innerhalb des Weichbildes der Stadt.

In der richtigen Richtung war die durch Bürgermeister Klose zustande gebrachte Gründung der Technischen Universität in Hamburg ein Meilenstein. Heute und morgen kommt es darauf an, dass Senator Sinn sein Konzept verwirklichen kann: Orientierung der

TU auf wirtschaftliche Anwendbarkeit und Symbiose mit der Wirtschaft. Das muss auch für weite Bereiche der alten Universität gelten. Wieso eigentlich sollte hier keine erstklassige Ausbildung von zukünftigen Unternehmensmanagern möglich sein – Harvard Business School vor dem Dammtor? Es gibt Künste und Wissenschaften, die der Mensch um ihrer selbst willen verfolgt. Aber Hochschulen – ebenso wie Fachhochschulen oder Gewerbeschulen – sind zur Hauptsache Stätten zur Berufsausbildung. Desy ist weltweit fabelhaft – aber in Sachen Forschung ist Hamburg wirklich noch kein Zentrum; es muss sich aber darum bemühen, eines zu werden. Angewandte Forschung bedarf des Ausbaus. Zum Beispiel Präses Illies hat recht: Dazu gehört als einer der Schwerpunkte die Erforschung und die Entwicklung des ganzen Bereiches moderner Kommunikationstechniken.

Die Entwicklung Hamburgs zu einer Medienstadt schafft zukünftiges Einkommen und Wohlstand. Sie ist ausbaufähig. Aber auch die modernen Industriezweige sind ausbaufähig: vom medizinischen Apparatebau bis zum Industrieroboter. Alles dies braucht Wagemut und braucht Unternehmer. Sie bedürfen einer städtischen »Pflegepolitik« (Haas), aber der Impetus muss von ihnen selbst kommen. Zur Pflegepolitik gehört nicht nur eine radikale Beschleunigung der städtischen Genehmigungsverwaltung, nicht nur eine bereitwillige Liegenschaftspolitik, sondern ebenso ein breites, attraktives Kunst-, Musik- und Theaterangebot (»Stadtteilkultur« bei erstklassigen Verkehrsverbindungen plus Höchstmotorisierung ist bestenfalls ein Hobby) plus attraktive

Schulen. Aber – ein großes Aber! –: Impetus und Innovation müssen von den Unternehmensleitern und ihren Mitarbeitern und ihren Konkurrenten kommen.

Die Präsides von Handelskammer, Handwerkskammer und verwandten unternehmerischen Institutionen und Verbänden haben seit 1945 vieles geleistet; man denkt zurück an Namen wie Schäfer, Stödter, Münchmeyer, Schlenker. Auch die Wirtschaftssenatoren haben einiges in Gang gebracht: man denkt an Namen wie Schiller, Kern, Steinert. Auch Wirtschaftsprofessoren wie Timm oder Jürgensen haben der wirtschaftlichen Entwicklung Hamburgs gute Dienste geleistet. Heute ist eine neue Gesamtanstrengung fällig.

Dabei wird auch zukünftig der Gesamtorganismus des Hafens eine große Rolle spielen. Er darf nicht vernachlässigt werden. Aber die Seehäfen-Dienstleistungen und Industrien werden nicht mehr der Pulsgeber sein können. Hamburg muss weitsichtig seine Optionen wahren, von Kaltenkirchen über Neuwerk und Brokdorf bis zur engeren Verknüpfung der Autobahnen um die Stadt herum und bis zu Schnellstraßen innerhalb der Stadt. Aber die besten Köpfe der Stadt müssen neue Optionen erdenken.

Jacob Burckhardt hat vor Zeiten einmal die Kapitelüberschrift gebraucht »Der Staat als Kunstwerk«; damit war der italienische Stadtstaat des 14. und 15. Jahrhunderts gemeint. Ich habe es immer als Leitwort auf meine Vaterstadt Hamburg übertragen: »Die Stadt als Kunstwerk« – und ich möchte das Wort nicht bloß im Sinne der schönen oder der darstellenden Künste verstanden wissen, sondern es soll sich auf den Gesamtorganismus der Stadt beziehen. Allerdings: Die Kunst gehört zum Kern des Wesens einer Stadt untrennbar dazu.

Die Hamburger müssen sich aus ihren Befangenheiten befreien – die Wirtschaft genauso wie die Sozialdemokratie. Hamburg hat in den letzten Jahrzehnten mancherlei Talente nach anderen Orten abgegeben, auch nach Bonn; demnächst geht der besonders leistungsfähige Hans Apel nach Berlin. Aber das Reservoir ist größer, als wir gemeinhin wissen; es muss ausgeschöpft werden, damit neues Wasser auf neue Mühlen geleitet wird. Wir müssen durchaus auch frische Kräfte von außerhalb holen; so haben es Max Brauer oder zum Beispiel Biermann-Ratjen gemacht – so dürfen und sollen es auch heute Wirtschaft und Senat tun. Die Einzubürgernden werden hier zu Hanseaten, ob sie aus dem Süden kommen, wie weiland Rolf Liebermann, oder aus dem Osten, wie Alfons Pawelczyk, oder aus dem Westen oder Norden.

Und Hanseaten werden hier gegenwärtig dringend gebraucht, will heißen: Menschen, die etwas Neues wagen, um zu gewinnen!

II DIE FLUTKATASTROPHE

In der Nacht vom 16. auf den 17. Februar 1962 wurde Hamburg von der schwersten Sturmflut seiner Geschichte heimgesucht. Innerhalb weniger Stunden brachen in Hamburg unzählige Deiche und überschwemmten den Süden der Stadt. Tausende Menschen befanden sich in unmittelbarer Lebensgefahr. Der zuständige Polizeisenator Helmut Schmidt kam am Abend spät von einer Konferenz der Innenminister aus Berlin zurück und erfuhr am Samstagmorgen gegen 6 Uhr durch einen Anruf von den Ereignissen. Er nahm sofort das Heft des Handelns in die Hand und koordinierte den Einsatz der rund 40 000 Rettungskräfte. Am Mittwoch, dem 21. Februar, gab Schmidt in einer Sondersitzung der Bürgerschaft einen ersten Gesamtüberblick über den Verlauf der Katastrophe und die eingeleiteten Hilfsmaßnahmen.

Die Hamburger Flutkatastrophe wurde später Gegenstand zahlloser Bücher und Filme, in denen Helmut Schmidt immer wieder als Zeuge befragt wurde. Für den vorliegenden Band wurde das Interview ausgewählt, das Schmidt 2012 dem Löschblatt *gab, dem Mitarbeiter-Magazin der Feuerwehr Hamburg.*

SONDERSITZUNG DER BÜRGERSCHAFT,
21. FEBRUAR 1962

Bericht über die Hochwasserkatastrophe und über
die eingeleiteten Hilfsmaßnahmen

Herr Präsident! Meine Damen und Herren! Die Katastrophe, die wir erlebt haben, hat ein Ausmaß erreicht, wie wir es seit dem Hamburger Brand nur im Zweiten Weltkriege erlebt haben. Die Sturmflut von Freitag auf Sonnabend hat nach Mitteilung des Hydrographischen Instituts alle jemals in Hamburg gemessenen Sturmfluten übertroffen, einschließlich derjenigen von 1825, die seither als die bisher schwerste gegolten hatte. Es sind zur Stunde 259 Tote geborgen. Davon sind 204 Personen identifiziert. Ich zweifle nicht, dass die Zahl der geborgenen Toten noch steigen wird. In den Krankenhäusern und im Gesamtbereich der Gesundheitsbehörde waren gestern Nachmittag 443 Personen eingeliefert. In 50 Lagern und Auffangstellen, vornehmlich im Bereich der Sozialbehörde, zum Teil des Deutschen Roten Kreuzes, waren gestern Nachmittag 11571 evakuierte Personen anwesend. Privat untergekommen, soweit wir es bisher übersehen können, sind 5880 Evakuierte. Insgesamt ist es also, soweit es im Augenblick übersehbar ist, eine Zahl von 17894 Personen, die am Leben geblieben sind und die aus ihren Wohnungen haben weichen müssen. 20 Prozent des hamburgischen Staatsgebietes sind unter Wasser gewesen.

Mir obliegt es heute, Ihnen einen ersten Bericht zu geben. Der Katastrophendienststab ist schon frühzeitig beauftragt worden, die allerwichtigsten Daten und Zahlen zusammenzustellen. Der Bericht, der mir vorliegt und der nur die wesentlichen, wichtigen Punkte umfasst, bemisst sich auf 30 Seiten. Ich persönlich muss versuchen, daraus wiederum das Wesentlichste für Sie herauszugreifen. Sie selber, meine Damen und Herren, sind über viele Dinge durch Presse, Rundfunk und Fernsehen informiert. Die Einsatzleitung hat mit Absicht Presse, Rundfunk und Fernsehen an allen Lagebesprechungen und an allen Befehlsausgaben teilnehmen lassen, damit diese Einrichtungen in der Lage waren, unverzüglich die hamburgische Bevölkerung ins Bild zu setzen über das, was passierte, und über die Absichten, die bestanden.

Ich darf anfangen mit einer chronologischen Schilderung, die mit dem Freitag zu beginnen hat. Die Abteilung Wasserwirtschaft in der Baubehörde hatte bereits am Freitagvormittag aufgrund des Alarmplanes zur Sicherung der Deiche bei Sturmfluten sicherheitshalber die Alarmstufe 2 gegeben. Am Freitagabend gegen 21 Uhr erhielt die in der Abteilung Wasserwirtschaft anwesende Leitung eine neue Sturmflutmeldung für das Nachthochwasser, das am Sonnabend früh um 3.46 Uhr mit einer zu erwartenden Höhe von 4,20 bis 4,70 Meter über NN erwartet wurde. Daraufhin ist sofort die höchste Alarmstufe gegeben worden, und zwar mit Zustimmung des Leiters des Tiefbauamtes, Herrn Professor Sill, obgleich die Alarmstufe 3 nach dem Alarmkalender erst für Wasserstände über 4,70 Meter vorgesehen war. Die im Alarmplan vorgesehenen Maßnahmen, wie der Einsatz der entsprechenden Bediensteten der Bezirksämter Bergedorf, Harburg und Mitte, des Pionierbataillons 3 in Harburg, des Kommandos der Schutzpolizei, des Technischen Hilfswerkes, der Bauhöfe usw., sind damit – wie allgemein üblich – ausgelöst worden.

Kurze Zeit später fielen die Wasserstandsmeldungen aus Cuxhaven aus. Die angestellten fernmündlichen Erkundungen erbrachten nur von Büsum Ergebnisse, wo ein Windstau von 3,50 Meter festgestellt wurde. Aufgrund dieser Mitteilung musste befürchtet werden, dass die Sturmflut in Hamburg besonderes Ausmaß annehmen würde, und es sind deshalb unverzüglich die Vorstände aller Deichverbände darauf hingewiesen worden, dass bei dem zu erwartenden Hochwasser, das etwa viereinhalb Stunden später eintreten sollte, die Deiche besonders gefährdet seien.

Die Feuerwehr ist am Freitag bereits um 11 Uhr vormittags durch Fernschreiben an alle Feuerwachen alarmiert worden. Es ist eine Einsatzreserve gebildet worden. Die zentrale Steuerung des Einsatzes durch die Hauptfeuerwache wurde angeordnet. Um 11.33 Uhr bereits am Freitagvormittag ist für die Feuerwehr das Stichwort »Ausnahmezustand« ausgegeben worden. Das im Laufe des Freitags vorausgesagte Hochwasser für Freitagnachmittag hatte in seinem tatsächlichen Verlauf zu besonderen Besorgnissen keinen Anlass gegeben, und man hatte teilweise sogar vor der Frage gestanden, ob man die ausgelöste Alarmstufe wieder zurückdrehen wollte. Dies ist aber nicht geschehen, sondern man hat es bei der ausgelösten hohen Alarmstufe belassen. Ebenso ist bereits am Freitagvormittag das Technische Hilfswerk vorsorglich informiert worden. Die Polizeibehörde hat am Freitagmittag um 14.15 Uhr Einsatzbefehl für das Technische Hilfswerk gegeben. Ebenso ist fünf Minuten später die Alarmbereitschaft für das Deutsche Rote Kreuz durch die Polizei ausgelöst worden. Bei beiden Organisationen sind die Katastrophen-Einsatzstäbe zusammengetreten. Kraftfahrzeuge und Geräte wurden bereitgestellt. Um 15 Uhr erteilte die Senatskanzlei die Erlaubnis, über die beim Technischen Hilfswerk vorhandenen Mannschafts- und Gerätekraftwagen hinaus diejenigen des zivilen Bevölkerungsschutzes zu disponieren. Bei den Bezirksämtern Bergedorf, Harburg und Mitte wurde zu dieser Zeit die Alarmstufe 3 ausgelöst. Die nach dem Katastrophenplan vorgesehenen Kräfte und Geräte wurden einsatzbereit gemacht, die Einsatzstäbe der Bezirksämter nahmen ihre Tätigkeit auf und stimmten mit dem Deichverband den Einsatz der Kräfte ab. Die vorgesehenen Positionen sind eingenommen worden.

Am Freitagabend sind infolge des Orkans im 110-kV-Freileitungsnetz verschiedene Schäden eingetreten, die die Stromversorgung erheblich beeinträchtigt und bis auf die Hälfte der Kapazität heruntergesetzt haben, noch am Freitag.

Ich bitte um Entschuldigung, wenn ich alles das, was bei den Versorgungsbetrieben eingetreten ist und was sich dort abspielte, im Übrigen nun übergehen muss, weil der Bericht sonst zu umfangreich werden würde.

Was nun den nächsten Tag angeht, nämlich um 0 Uhr in der Nacht zum Sonnabend beginnend, so ist die Sturmflutspitze um 3.45 Uhr nachts mit einer bisher niemals erreichten Höhe von 5,73 Meter über NN am Pegel Hamburg-St. Pauli eingetreten. Die Sturmflut von 1825 hatte an diesem Pegel nur 5,24 Meter erreicht, sie lag also um einen halben Meter niedriger als die gegenwärtige Sturmflut. Das Katastrophenhochwasser des Jahres 1962 überströmte die Deichkrone und die Schleusentore, die eben seit alters her in Hamburg nur eine Höhe von 5,6 bis 5,8 Meter über NN ausweisen.

Die Übersicht der beteiligten Behörden über die Wasserstandsmeldungen wurde schon um Mitternacht und in den frühen Nachtstunden des Sonnabends außerordentlich erschwert durch den nun einsetzenden weitgehenden Ausfall der Telefonverbindungen.

Zur Polizei ist zu sagen, dass sie am Freitagnachmittag um 13.45 Uhr ihre Schutzpolizeikräfte alarmbereit gehalten hat, über die von der Polizei ausgelösten Maßnahmen beim DRK usw. habe ich schon berichtet; ebenso ist vorsorglich am Freitagnachmittag mit der Gesundheitsbehörde, Sozialbehörde, Baubehörde, Standortkommandantur usw. Verbindung hergestellt worden. Es waren also die hamburgischen Behörden und die Dienststellen in Hamburg grundsätzlich darauf vorbereitet, dass in jener Nacht ein besonderes Hochwasser eintreten würde. Ebenso sind durch die Polizei bereits in der Nacht, in den ersten Stunden des Sonnabends also, über die Standortkommandantur die unmittelbar im Ort anwesenden Bundeswehrkräfte alarmiert und daraufhin in Bereitschaft gelegt worden. Im Zusammenhang mit den Wasserstandsmeldungen, die bei Ausfall der Nachrichtenverbindungen zum Teil nur auf irregulärem Wege eingeholt werden konnten, sind dann gegen 24 Uhr oder kurz nach 24 Uhr in vielen Ortsteilen unseres Staatsgebiets die Sirenen der Freiwilligen Feuerwehr ausgelöst worden; so in Hohendeich, Neudorf, Spadenland, Moorfleet, Billwerder, Allermöhe, Reitbrook, Moorwerder, Gut Moor, Kirchwerder, Neuland usw., usw. Einige freiwillige Feuerwehren konnten nicht rechtzeitig oder konnten nicht mehr erreicht werden, weil infolge des Sturms oder des Wassers – das ist noch nicht zu übersehen – die Fernsprechverbindungen abgerissen waren.

Es ist später bekannt geworden, dass die Bevölkerung in den meisten Fällen die Sirenen zwar gehört, sich aber offenbar zum Teil nicht angesprochen gefühlt hat. In den einzelnen Gebieten sind an den Deichen unterschiedliche Zerstörungen entstanden, auf die ich im Rahmen dieses ersten Berichts im Augenblick meinerseits nicht eingehen will.

Gegen 2.15 Uhr in der Nacht zum Sonnabend war klar, dass folgende Gebiete besonders betroffen waren: Wilhelmsburg, Moorfleet und das Gebiet zwischen Neuenfelde und Moorburg. Ich berichte immer nach dem Stand der Erkenntnisse zu dem jeweiligen Zeitpunkt, über den ich spreche. Die Bundeswehr war um diese Zeit schon abgerufen worden und bereits nach eindreiviertel Stunden an den Einsatzorten tätig. Zu jener Zeit waren alle Fernmeldeeinrichtungen, zum Teil ganz erheblich, gestört. Manche der hamburgischen Dienststellen hatten überhaupt keine Möglichkeit der Verbindungsaufnahme. Die Einheiten des Technischen Hilfswerks sind nachts kurz nach 0 Uhr ausgerückt, desgleichen diejenigen des Deutschen Roten Kreuzes. Um 2.50 Uhr gab das Deutsche Rote Kreuz Großalarm und hat Ausrücken aller verfügbaren Kräfte an die damals erkennbaren Gefahrenpunkte, von denen ich schon sprach, angeordnet. Ebenso befanden sich zu jener Zeit der Arbeiter-Samariter-Bund, die Johanniter-Unfall-Hilfe und auch der Malteser Hilfsdienst im Einsatz.

Ich habe jetzt über den nächsten Zeitabschnitt zu sprechen. Das sind die Stunden von 6 bis 12 Uhr am Sonnabend. Um 6.40 Uhr traf der dienstlich in Berlin abwesend gewesene Innensenator bei dem Katastrophendienststab im Polizeihaus ein, der inzwischen zum größten Teil versammelt war. Die Versammlung der nicht unmittelbar im Hause tätigen Personen hatte wegen der Unterbrechung der Fernsprechverbindungen zum Teil Schwierigkeiten gemacht. Es war angesichts dieser fehlenden Fernmeldeverbindungen zumeist sehr schwierig, ein klares Bild, insbesondere ein Bild von dem Ausmaß der sich anbahnenden Katastrophe zu gewinnen. Die vorliegenden Einzelmeldungen ließen jedoch erkennen, dass ein ungeheures Ausmaß entstehen könnte. Deshalb wurden sofort umfangreiche Hilfsmaßnahmen eingeleitet, deren Schwerpunkt bei der Rettung von in unmittelbarer Lebensgefahr befindlichen Personen liegen sollte.

Ich habe zu jener Zeit zusätzlich zu dem ohnehin von der Polizei schon vor Stunden an die Standortkommandantur der Bundeswehr gerichteten Hilfsersuchen unmittelbar fernschriftlich das Bundesverteidigungsministerium und die Befehlshaber im Wehrkreis Kiel und im Wehrkreis Hannover alarmiert und um sofortige Zuführung von Hubschraubern, Pionieren, insbesondere Schlauchbooten für die Errettung von Menschen aus Lebensgefahr gebeten.

Um 7 Uhr kam es zu einer ersten Lagebesprechung des Katastrophendienststabes, die, wie ich schon sagte, unvollständig war, weil manche Personen im Laufe der vorhergehenden Stunden telefonisch nicht hatten erreicht werden können. Sozialbehörde, Hochbahn, Gesundheitsbehörde haben in jener Besprechung die ersten Anweisungen zur konkreten Hilfeleistung, zum Beispiel wegen Trinkwassers, Verpflegung, Decken, Matratzen und dergleichen, bekommen. Die Hochbahn für die Evakuierung der Betroffenen. Desgleichen waren für diese Aufgaben die Bezirks- und Ortsämter bereits eingeschaltet. Am gleichen Vormittag haben dann vor allem die Schulbehörde, die Jugendbehörde und alle übrigen Behörden der Stadt, insbesondere die Gesundheitsbehörde in Bezug auf hygienische Maßnahmen und Herbeischaffung von Medikamenten, eine Unzahl von im Einzelnen nicht aufführbaren Maßnahmen eingeleitet.

Um 11 Uhr fand eine Sondersitzung des Senats statt.

Um diese Zeit etwa war es gelungen, durch die Bundeswehr-Funkverbindungen und durch Funkwagen der Polizei sowie durch Funkeinrichtungen des Luftschutzfernmeldedienstes die notwendigsten Verbindungen unter den zivilen Stellen südlich und nördlich der Elbe herzustellen.

Ich komme jetzt zu dem Abschnitt von Sonnabend 12 Uhr bis 24 Uhr. Zu dieser Zeit sind insgesamt in Hamburg bereits eingesetzt gewesen: Rund 7500 Soldaten, mehrere Brigadestäbe, eine große Zahl von Bataillonen und eine große Zahl von Sondereinheiten, darunter auch englische Einheiten, später dann belgische Einheiten, zum Teil holländische Soldaten und schließlich auch amerikanische Einheiten.

Der Hubschraubereinsatz, der 1130 Personen aus unmittelbarer Lebensgefahr hat retten können, ganz abgesehen von den Leistungen, die die Hubschrauber sonst bei der Evakuierung von Personen und bei der Beförderung von Versorgungsgütern vollbracht haben, gestaltete sich überaus schwierig, weil die Windgeschwindigkeit ein mehr als doppelt so großes Ausmaß erreichte wie die Grenze, bis zu der es überhaupt erlaubt ist, mit Hubschraubern zu fliegen. Es war infolgedessen außerordentlich schwierig, zunächst die Hubschrauber nach Hamburg zu überführen. Die Hubschrauberpiloten haben in ganz besonderem Maße viele Male an jenem Tage ihr eigenes Leben eingesetzt. Eine besondere Schwierigkeit hat dabei natürlich für die Flugsicherung bestanden. Man kann Gott danken, dass die Piloten alle ohne ernsten Unfall davongekommen sind.

Ich will im Einzelnen nicht sprechen über den Einsatz der Wasserschutzpolizei, der HADAG und anderer Kräfte, die sich nun im Laufe des Sonnabends aus allen Gebieten der Bundesrepublik laufend verstärkten.

Die Bezirksämter, insbesondere in Harburg, und die Ortsämter, insbesondere südlich der Norderelbe, haben dabei ganz besondere Funktionen und Aufgaben zu meistern gehabt. Das gilt insbesondere für den Bezirksamtsleiter in Harburg und für den Ortsamtsleiter Westphal in Wilhelmsburg, die mit Oberst Philipp, dem Kommandeur des Bundeswehrstabes Süd, eine Unzahl von Maßnahmen aus dem Handgelenk erfolgreich haben improvisieren müssen. Ebenso sind unter der Leitung des Ersten Bausenators und des Professors Sill von der Baubehörde her umfangreiche, zum Teil improvisierte Maßnahmen mit Erfolg zustande gebracht worden. Auch hierbei hat die Bundeswehr Hilfe geleistet.

Am Abend um 21 Uhr dieses Sonnabends fand eine erste große Lagebesprechung und Befehlsausgabe mit allen am Einsatz beteiligten Bundeswehrkommandeuren, mit allen Führern von freiwilligen Verbänden, mit allen zivilen Leitungsstellen der hamburgischen und Bundesbehörden statt. Bei dieser Gelegenheit wurden die Weisungen für den Ablauf der Nacht und für den nächsten Tag gegeben.

Am nächsten Morgen, also am Sonntag – in der Nacht zum Sonntag und am Sonntag selbst –, wurde erkennbar, dass die getroffenen Maßnahmen zur Bergung von Personen erfolgreich waren. Die Bergung von Menschen aus unmittelbarer Lebensgefahr war auf einen kleinen Umfang reduziert, und das Schwergewicht der Tätigkeit verschob sich auf die Versorgung der Geborgenen außerhalb des Katastrophengebietes, der Evakuierten, und vor allen Dingen auf die Versorgung mit Lebensmitteln, Wasser, Decken und all dergleichen der noch eingeschlossenen Personen innerhalb des Katastrophengebietes.

Die zweite allgemeine Lagebesprechung erfolgte Sonntag früh um 9 Uhr. Beide Bürgermeister waren anwesend und eine Reihe von Senatoren und leitenden Beamten des hamburgischen Staates. Es wurde beschlossen, dass Herr Senator Weiß mit unbeschränkten Vollmachten sofort in das Wilhelmsburger Katastrophengebiet einzufliegen sei. Herr Senator Weiß hat an Ort und Stelle die dortigen Maßnahmen der verschiedenen Verbände und Dienststellen miteinander koordiniert. An jenem Vormittag bestand keine von außen erkennbare akute Lebensbedrohung mehr für die betroffene Bevölkerung, wobei sicherlich kleine, örtliche Ausnahmen möglich gewesen sind. Ebenso ist anschließend Herr Bürgermeister Nevermann in diejenigen Teile des Katastrophengebietes gefahren, die mit dem Wagen erreichbar waren. Die Hubschrauber waren so knapp, dass wir sie nur für den dringlichsten Führungszweck, nämlich diesen einen Hubschrauber für Senator Weiß, einsetzen konnten. Im Laufe der nächsten Tage hat sich der Einsatz verstärkt auf insgesamt über 80 Hubschrauber, die gleichzeitig hier tätig waren.

Die am Sonntagmorgen getroffenen Maßnahmen haben sich dann im Laufe des Sonntags so ausgewirkt, dass Sonntagabend, jedenfalls Montag früh, die Versorgung des Katastrophengebietes im Wesentlichen sichergestellt war. Der Senat ist am Sonntag abermals zusammengetreten und hat die Ihnen bekannten Maßnahmen, insbesondere die erste finanzielle Hilfe, getroffen. Nunmehr stellte sich heraus, dass die Schwierigkeiten im Detail zu liegen begannen. Zum Beispiel hatte man eine große Zahl von Wasserwagen zur Verfügung, von Wasserbooten, von Wasseraufbereitungsanlagen, die über Fernschreiben im Laufe des Sonnabends von

73

anderen Gebieten der Bundesrepublik herangeholt worden waren; aber es fehlte an der Vielzahl kleiner Behälter von 8 oder 10 Litern, um jedem einzelnen eingeschlossenen Haushalt sein Wasser zu geben. Ich erwähne das als eines von vielen Details, die im praktischen Ablauf ungeheure Schwierigkeiten gemacht haben. In dem Zusammenhang möchte ich erwähnen, dass bei der Überwindung solcher Schwierigkeiten im Detail, die häufig die Gesamtdurchführung entscheidend behindern, auch eine Reihe privater Firmen und auch andere Privatpersonen sehr wesentliche Hilfe geleistet haben, einfach indem sie sich anboten und sagten: Ich kann das und das leisten, könnt ihr es brauchen? Das gilt auch von der großzügigen Versorgungshilfe, die wir von dem Innenministerium des Landes Nordrhein-Westfalen und von den amerikanischen Streitkräften in Rheinland-Pfalz bekommen haben. Das gilt auch für das Bundesministerium des Innern. Die Innenministerien in Kiel und Hannover hatten selber mit der Katastrophe zu tun und mussten sich um ihre eigene Haut kümmern.

Am gleichen Tage ist dann eine große Zahl von hygienischen Maßnahmen durch die Gesundheitsbehörde, teilweise im Zusammenwirken mit den Ärzten und Veterinären der Bundeswehr, angelaufen, die Impfaktion lief an. Eine große Zahl anderer hamburgischer Behörden stellte ihre praktische Arbeit darauf ab, die Verhältnisse wieder zu normalisieren. Eine schreckliche Arbeit trat dafür mehr in den Vordergrund: das Bergen der Leichen und ihre Identifizierung.

Ich will über die weiteren Maßnahmen im Laufe des Montags, auch über das, was am Dienstag und seither geschehen ist, den Bericht nicht länger ausdehnen, weil ich annehme, dass Sie, meine Damen und Herren, seit Montag durch die Presse und den Rundfunk ausreichend informiert worden sind. Ich will erwähnen, dass am Dienstag in der Lagebesprechung – am Dienstag mittags 12 Uhr – festgestellt worden ist, dass nunmehr erkennbarerweise es möglich war, eine große Zahl von Aufgaben auf die zivile Verwaltung zu übernehmen. Es sind in der Dienstagmittag-Lagebesprechung drei zivile Leitungsstäbe gebildet worden, zunächst einer für Bau und Technik zur Koordinierung aller der Maßnahmen, die insbesondere zur Entwässerung von Wilhelmsburg, aber auch der übrigen Gebiete, zur Schließung der Deichlücken, zur Wiederbefahrbarmachung der Straßen und dergleichen notwendig sind, unter der Leitung von Herrn Senator Büch. Ebenso ist ein Leitungsstab gebildet worden für die Verwaltung und Versorgung oder vielmehr umgekehrt: für die Versorgung und Verwaltung des Katastrophengebietes unter der Leitung von Herrn Senatssyndicus Birckholtz, in deren Rahmen insbesondere die Bezirksleiter Mohr und Ortsamtsleiter Westphal in Harburg und Wilhelmsburg besondere Aufgaben übernehmen mussten, zum Beispiel die Einrichtung von neuen, zusätzlichen Ortsdienststellen im Katastrophengebiet, um möglichst ortsnahe die Dinge in den Griff zu bekommen. Und diese Aufgabe ist, wie mir scheint, bis zum heutigen Abend erfüllt. Es handelt sich jetzt darum, daraus richtige Verwaltungseinheiten zu machen. Die Bundeswehr hat liebenswürdigerweise auch hier die postalisch noch nicht hergestellten Fernmeldeverbindungen für die zivilen Dienststellen geliefert. Und ein

75

dritter Leitungsstab für Verkehr und öffentliche Sicherheit unter Führung von Polizeipräsident Buhl. Die Personen, die ich hier genannt habe, boten sich deshalb an, weil sie für diese Funktion schon während der unmittelbaren Katastrophe, in den ersten Stunden und Tagen, die gleichen Aufgaben wahrgenommen hatten.

Ich will nur noch sagen, dass wir heute im beiderseitigen Einvernehmen – Bundeswehr und Katastrophendienststab – die Hubschrauber im Wesentlichen herausgezogen haben. Die Hubschrauber haben Flugstunden geleistet, die weit über jenes erlaubte Maß hinausgehen, das bis zur nächsten Überholung, Wartung und technischen Prüfung eingehalten werden muss. Sie sind also jetzt in der Auffrischung. Sie werden auch im Augenblick nicht benötigt, wenn das Wetter so bleibt, wie es jetzt ist. Dieses Wetter kommt in mancher Beziehung dem Fortgang der Arbeiten zunutze. Es hat natürlich den Nachteil, dass es Nachtfröste mit sich bringt. Die Hubschrauber sind so disponiert, dass wir sie in einer beziehungsweise zwei Stunden wieder einsetzen können, nachdem wir sie abrufen. Es bleiben darüber hinaus zwölf Hubschrauber unmittelbar in Fuhlsbüttel greifbar. Die Hubschrauberlandeplätze, die einstweilen in der Stadt eingerichtet sind, bleiben funktionsfähig.

In den nächsten Tagen werden auch weitere sonstige Kräfte der Bundeswehr herausgelöst werden können. Die Bundeswehr muss ihre Menschen und ihr Gerät nunmehr auffrischen.

Ich möchte sagen, dass die Zusammenarbeit mit der Bundeswehr nicht nur reibungslos, sondern ausgezeichnet gewesen ist. Der Befehlshaber im Wehrkreis I, Admiral Rogge, und die übrigen Kommandeure und Führer der Bundeswehr haben ständig an den Lagebesprechungen und Befehlsausgaben persönlich teilgenommen. Mit dem Befehlshaber im Wehrkreis II, dem Ihnen ja auch bekannten General Müller, der früher hier Kommandeur der Hamburger Panzerdivision war, hat die Verbindung über Fernschreiber bestanden. Alle Befehle sind von Zivilisten und Soldaten gemeinsam gegeben worden. Die enge Zusammenarbeit, die in den vergangenen Jahren zwischen der Bundeswehr einerseits und dem Katastrophendienststab des Hamburger Senats andererseits gepflegt worden ist, hat sich bezahlt gemacht.

Ebenso reibungslos ist die Zusammenarbeit mit den Kräften der Polizei aus Hessen und aus Nordrhein-Westfalen, mit den Kräften der Feuerwehren, des Deutschen Roten Kreuzes, des Arbeiter-Samariter-Bundes, der Malteser, der Johanniter gewesen sowie mit den Kräften des Technischen Hilfswerks, die außerordentliche Dienste geleistet haben, und den Kräften des Bundesluftschutzverbandes, des Fernmeldedienstes des Zivilen Bevölkerungsschutzes und des Bundesgrenzschutzes. Ich will auch Falcks Rettungsdienst aus Dänemark nennen, der sich mit seinen Froschmännern bei der Bergung von Leichen verdient gemacht hat. Ich bitte, dass niemand gekränkt ist, falls ich im Augenblick nicht alle Organisationen genannt haben sollte. Zu erwähnen ist auch die Tatsache, dass sich in vielen Dienststellen sowohl bei der Polizei, bei den Ortsdienststellen als auch beim Roten Kreuz Tausende von Bürgern unserer Stadt für freiwilligen Einsatz gemeldet haben und an Ort und Stelle in die Verbände eingereiht worden sind.

Lassen Sie mich an dieser Stelle ein persönliches Wort einfügen. Es ist ein bitteres Geschäft, wenn man anstatt einer an und für sich erwarteten Jungfernrede als erste Leistung in diesem Hause einen solchen Bericht erstatten muss. Lassen Sie mich in dem Zusammenhang sagen, dass ich bedauere, dass unvermeidlicherweise im Spiegelbild der Presse, des Rundfunks und des Fernsehens die Person des Leiters des Katastrophendienststabes besonders im Vordergrund zu stehen schien. Tatsächlich haben die Präsides und die Spitzenbeamten aller hamburgischen Behörden und der Bundesbehörden einschließlich Bahn und Post in hervorragender Weise ihre Aufgaben angepackt und sich eingeordnet.

Natürlich hat es im Verlauf all dieser Aktionen auch Fehlentscheidungen, Pannen und Fehler gegeben. Mir scheint, es ist heute viel zu früh, daraus die Erfahrungen zu abstrahieren und Schlussfolgerungen zu ziehen. Eine gründliche Analyse der technischen und organisatorischen Vorbereitungen für Katastrophenfälle ist notwendig. Desgleichen ist eine sehr sorgfältige Analyse des tatsächlichen Verlaufs notwendig. Die Bundeswehr hat sich bereit erklärt, an dieser Analyse mitzuwirken, wie sie ja auch am Verlauf in wesentlicher Weise beteiligt war. Ich selbst will im Augenblick nur eine einzige Schlussfolgerung ziehen, die ich allerdings für gesichert halte. Der Ausfall von elektrischem Strom und Telefon kann selbst bei sehr viel kleineren Katastrophen alle vorbereiteten Alarmpläne gegenstandslos machen. Mir scheint notwendig, dass entgegen allen herkömmlichen Vorstellungen eine Reihe von zivilen Dienststellen, Ortsämtern, Bezirksämtern und dergleichen mit von dem öffentlichen Stromnetz unabhängigen Funkverbindungen und Funkgeräten ausgestattet werden muss. Wenn das der Fall gewesen wäre – niemand in Hamburg konnte früher auf solche Gedanken kommen –, wäre vielleicht die Zahl der Opfer etwas geringer gewesen.

Ich danke Ihnen für Ihre Aufmerksamkeit.

»BESONDERS HAT MIR DIE UNGLAUBLICHE HILFSBEREITSCHAFT DER MENSCHEN IMPONIERT«

Interview mit dem Löschblatt, *Mitarbeiter-Magazin der Feuerwehr Hamburg, Frühjahr 2012*

LÖSCHBLATT Womit waren Sie gerade beschäftigt, als Sie zum ersten Mal von einer Unwettergefahr für Hamburg erfahren haben?

HELMUT SCHMIDT Ich war auf einer Innenministerkonferenz in Berlin und habe ab und zu mit meinem Hamburger Büro oder mit der Hamburger Schutzpolizei telefoniert. Das klang alles nicht beunruhigend, was ich übers Telefon hörte. Aus irgendeinem Grund entschloss ich mich dann, vorzeitig zurückzufahren. Die Fahrt führte damals über die Sektorengrenze in Berlin und dann über die Zonengrenze irgendwo zwischen Boizenburg und Lauenburg oder zwischen Boizenburg und Geesthacht. Und es war ein ziemlicher Sturm, es fielen Bäume quer über die Straße. Wir haben lange gebraucht, bis wir in Hamburg ankamen.

Ich wohnte damals schon am nördlichen Ende der Stadt in Langenhorn. In meiner Wohnung traf ich überraschend auf ein Ehepaar mit drei Kindern. Es waren Freunde von uns, die ich aus dem Kriege kannte und denen ich mit einem gefälschten Visum zur Ausreise aus der DDR verholfen hatte. Plötzlich waren fünf zusätzliche Personen in meiner Wohnung. Es gab eine große Wiedersehensfeier, und wir haben bis nachts um zwei gefeiert. Wir haben überhaupt nicht gemerkt, was im Hamburger Hafen und in Wilhelmsburg los war. Die Schutzpolizei war der Meinung, der Schmidt ist ja noch in Berlin, den brauchen wir gar nicht anzurufen, den brauchen wir nicht zu alarmieren.

LÖSCHBLATT Es wusste also niemand, dass Sie noch am Freitagabend nach Hause gefahren sind?

SCHMIDT Das haben die in der Behörde gar nicht gemerkt. Und es hat auch keiner versucht, mich zu erreichen. Die hätten ja in Berlin anrufen können, im Büro, dann hätten sie erfahren, dass der Schmidt schon losgefahren ist. Haben sie aber nicht getan.

In den frühen Morgenstunden meldete sich dann ein Beamter der Senatskanzlei bei mir. Er hieß Werner Eilers – ein intelligenter Kerl. Der rief plötzlich gegen sechs Uhr bei mir in Hamburg-Langenhorn an und sagte »Hier ist der Teufel los, Tausende von Menschen sind in Lebensgefahr.« Gott sei Dank stand bei mir zu Hause ein Dienstwagen vor der Tür. In dem Wagen gab es ein Blaulicht, das man mit einem Magneten auf dem Dach befestigen konnte. Ich bin dann selber in sieben Minuten von Langenhorn bis zum Karl-Muck-Platz gefahren, wie ein Verrückter, morgens um sechs. Die Straßen waren natürlich leer, und ich glaube, ich kam ein bisschen nach sechs Uhr morgens in das damalige Polizeihauptquartier am Karl-Muck-Platz; gegenüber der Musikhalle, heute heißt sie Laeiszhalle. Die Innenbehörde als solche gab es ja noch nicht. Ich war gerade erst ein paar Wochen im Amt und sollte sie erst noch aufbauen.

LÖSCHBLATT Waren die Behörden auf ein derartiges Ereignis vorbereitet?

SCHMIDT Nein, waren sie nicht. Einige haben kopflos reagiert. Andere haben wunderbar reagiert. Am besten haben Wasserschutzpolizei und Feuerwehr reagiert. Leiter der Wasserschutzpolizei war Hans Ottenstreuer, ein tüchtiger Mann, nach dem später das Hafenstreifenboot benannt wurde, das heute in Övelgönne liegt. Aber man muss auch andere Behörden nennen. Zum Beispiel das Ortsamt und den Ortsamtsleiter aus Wilhelmsburg, Hermann Westphal – ein wunderbarer Kerl. Und ich muss auch den damaligen Sozialsenator nennen, Ernst Weiß. Wir haben prima funktioniert. Das kann man wirklich nicht von allen damaligen Hamburger Behörden sagen.

LÖSCHBLATT Vor welchen Problemen standen Sie damals? Was waren die Schwachpunkte?

SCHMIDT Das sind zwei verschiedene Fragen, die miteinander zusammenhängen. Das dickste Problem bestand darin, mehrere Tausend Menschen aus unmittelbarer Lebensgefahr zu retten. Sie waren vor lauter Angst auf die Dächer ihrer Wochenendbuden in Waltershof und ihrer Wohnhäuser in Wilhelmsburg gekrabbelt. Die waren ja alle abgesoffen im Erdgeschoss. Teilweise stand das Wasser sogar bis ins Obergeschoss. Natürlich funktionierte weder Licht noch Heizung, und es war saukalt. Viele von denen sind auch tatsächlich auf den Dächern erfroren. Unsere Aufgabe war es, die Leute von den Dächern ihrer Behelfsheime und Wohnungen in Wilhelmsburg herunterzuholen. Aber wir hatten dafür keinerlei brauchbare Ausrüstung. Wir hatten Drehleitern. Doch mit den Drehleitern konnten wir bei dem Wasserstand nicht viel ausrichten. Was wir brauchten, waren Hubschrauber und Sturmboote. Beides haben wir noch am selben Tag bekommen.

LÖSCHBLATT Sie haben dann ja sehr schnell das Heft selbst in die Hand genommen.

SCHMIDT Ich hatte Glück. Ich war ganz gut mit dem amerikanischen NATO-Oberkommandierenden Lauris Norstad bekannt. Er war zu der Zeit in Frankreich stationiert und wusste, der Schmidt, das ist kein Quatschkopf. Normalerweise hätte ein Amerikaner gesagt: »Was? Hundert Kilometer weg von der Küste, der spinnt wohl«, und hätte das überhaupt nicht ernst genommen. Aber weil Norstad mich kannte, hat er das ernst genommen. Ich habe ihm gesagt, ich bräuchte dringend Hubschrauber verschiedenen Typs und Größe. Die hat er mir dann auch geschickt. Mit einem Transporthubschrauber kann man nicht auf das Dach eines Wochenendhauses aufsetzen, dann bricht das Haus zusammen. Ich brauchte also auch kleine Hubschrauber, die vier Mann tragen können, einschließlich der beiden Piloten.

LÖSCHBLATT Und Sie haben auch die Bundeswehr hinzuziehen können.

SCHMIDT Richtig. Die Hilfe durch die Bundeswehr kam noch am selben Morgen. Es gab da zwei Befehlshaber der Bundeswehr, einer war für Niedersachsen zuständig, der andere für Schleswig-Holstein und Hamburg. Letzteren erinnere ich noch, er hieß Rogge. Konteradmiral Bernhard Rogge. Wir kannten uns gut. Praktisch »unterstellte« er mir seine Truppen, und die haben das gemacht, was ich gesagt habe. Und ebenso der General in Niedersachsen. Das hat alles gut funktioniert.

Spätestens am zweiten Tag kamen dann Holländer und Dänen. Der dänische Falck-Rettungsdienst hat eine gute Rolle gespielt. Schon am ersten Tag war klar, dass unser dickstes Problem die Menschen auf den Dächern und in den Bäumen waren. Die mussten dort runtergeholt werden. Kaum war das eine Problem gelöst, kam das nächste. Wie bringen wir sie unter, was machen wir mit den Leichen, und wie kriegen wir etwas zu essen für die Menschen? Vom zweiten Tag an waren das die Probleme.

Die vielen Toten, die in der Zwischenzeit geborgen wurden, haben wir zunächst auf eine Eisbahn gelegt. Die mussten ja alle identifiziert werden. Das dauerte ein paar Tage. Die Identifizierung der Toten war eine ganz schlimme Sache. Das musste ja durch die unmittelbaren Familienmitglieder geschehen, die überlebt hatten.

LÖSCHBLATT Was hat Ihnen in diesen Tagen besonders imponiert?

SCHMIDT Was mir am stärksten imponiert hat, war die unglaubliche gegenseitige Hilfsbereitschaft der Menschen. Egal, ob es zivile Bürger in Wilhelmsburg oder Waltershof waren, ob in Francop oder Neuenfelde, ob es Feuerwehrleute waren oder Wasserschutzpolizisten oder Ortsamtsleiter oder Soldaten. Die Zusammenarbeit – jetzt gebrauche ich mal ein großes Wort, die selbstverständliche Solidarität zwischen diesen Menschen, das hat mir ungeheuer imponiert.

LÖSCHBLATT Haben Sie überhaupt mit so viel Solidarität gerechnet?

SCHMIDT Gerechnet habe ich mit zehntausend Toten. Und es waren, weil wir die Hubschrauber und die Sturmboote bekamen, hinterher »nur« etwas über 300. Aber am ersten Morgen habe ich mit zehntausend Toten gerechnet.

Waltershof war das Schlimmste ... Und überall schwammen tote Kühe im Wasser. Die Gefahr einer Seuche habe ich von Anfang an sehr ernst genommen. Deswegen hab ich damals über Radio und über Fernsehen den Leuten mitteilen lassen, die sollen das Wasser abkochen, bevor sie es trinken. In meiner Straße habe ich meine Frau rumgeschickt. Die hat alle Nachbarn rausgeklingelt, sie sollen das Wasser abkochen.

LÖSCHBLATT Herr Schmidt, Sie sind Soldat gewesen und als Offizier ausgebildet ...

SCHMIDT ... ich bin nicht als Offizier ausgebildet, da irren Sie sich. Ich bin durch Zufall Offizier geworden, im Krieg.

LÖSCHBLATT Inwieweit hat Ihnen das bei der Bewältigung der Flutkatastrophe genutzt?

SCHMIDT Wahrscheinlich nicht viel. Ich war aus dem Krieg jedenfalls gewohnt, schnelle Entschlüsse zu fassen. Ich war zum Schluss Batteriechef in einer Flakeinheit, die gehörte zu einem Panzerkorps an der Westfront. Immer wenn wir geschossen hatten, mussten wir innerhalb von Minuten raus aus der Stellung und in eine andere

Stellung. Die hatten wir schon vorher erkundet, denn spätestens nach zehn Minuten kam die feindliche Artillerie und legte unsere bisherige Stellung in Schutt und Asche. Man war also gewohnt, schnell zu entscheiden und vorsorglich zu entscheiden. Wenn Sie so wollen, habe ich das im Krieg gelernt. Aber in Wirklichkeit hat die Kriegserfahrung, glaube ich, keinerlei Rolle gespielt.

LÖSCHBLATT Das öffentliche Allgemeinwohl hat für Sie immer eine wichtige Rolle gespielt. Im Krieg spielte die Kameradschaft ebenfalls eine wichtige Rolle. Es galt, neben der eigenen Haut auch die des Kameraden zu retten. Gibt es da eine Parallele?

SCHMIDT Ja, die gibt es. In einem Interview, lange nach dieser Hamburger Flutgeschichte, hat mich mal ein Journalist nach meiner kommunalpolitischen Erfahrung als Hamburger Senator gefragt. Da habe ich geantwortet: »Das hatte alles mit Kommunalpolitik nichts zu tun. Ich war verantwortlich für die Sicherheit der Hamburger Bürger – Punkt«. Und so war es.

LÖSCHBLATT Welche Maßnahme hat aus Ihrer Sicht die entscheidende Wende gebracht?

SCHMIDT Eine einzelne Maßnahme kann man nicht nennen. Dass wir schließlich und endlich mit rund 300 Toten davongekommen sind, wäre natürlich ohne die Hilfe durch die Hubschrauber und Sturmboote nicht möglich gewesen. Die Hubschrauberpiloten setzten sich über Betriebsvorschriften hinweg und sind viele, viele Stunden länger geflogen, als sie durften. Auch das Flugverbot ab einer bestimmten Windstärke wurde nicht eingehalten. Den entscheidenden Anstoß dafür hat der NATO-Oberbefehlshaber in Frankreich gegeben.

LÖSCHBLATT Sie sagten, die Zusammenarbeit zwischen Feuerwehr, Bundeswehr, NATO, den Niederländern, Dänen wäre sehr prägnant und gut gewesen. Wie gestaltete sich das Zusammenwirken, gab es da eine Art Kommandostruktur?

SCHMIDT Die von Ihnen so genannte Kommandostruktur existierte nicht. Wohl aber habe ich mir am ersten Morgen, ich glaube gegen 9.00 Uhr, einen Überblick verschafft. Ich stieg in einen Hubschrauber und flog über die ganze Landschaft von Neuenfelde bis in die Vierlande. Mit ausgehängten Türen, damit wir unterwegs noch Menschen einsammeln konnten.

Im Anschluss habe ich alles zusammengerufen, was irgendwelche Befugnisse hatte. Ortsamtsleiter, Polizeioffiziere, Feuerwehr, Wasserschutzpolizei, Bundeswehr; auch Admiral Rogge muss hier genannt werden. Die Leute zu erreichen war ein großes Problem. Viele konnte man nicht greifen, weil die Telefone abgesoffen waren, manche hat man mit Motorradfahrern erreichen können. Als jemand einen großen Lagevortrag halten wollte, habe ich ihm das Wort abgeschnitten. »Das weiß ich alles schon, habe ich selbst gesehen, damit brauchen wir keine Zeit zu verschwenden«, habe ich zu ihm gesagt. Im Anschluss haben die Leute vorgetragen, was in ihren Augen das Wichtigste ist. An Ort und Stelle haben wir dann beschlossen, der Eine macht dies, der Andere macht das, und der Nächste macht jenes. Wir haben also praktisch eine aus dem Boden gestampfte Befehlsausgabe erlebt.

Dabei gibt es einen Punkt, den würde ich hier ganz gerne erwähnen; das ist nämlich die im Grunde fabelhafte Zusammenarbeit zwischen Feuerwehr, Bundeswehr, Wasserschutzpolizei, ausländischen Streitkräften, Holländern, Dänen, Amerikanern und Engländern. Alle haben in einer Weise zusammengearbeitet, wie man sich das nur wünschen kann. Es war nie vorher geübt worden, es war nie geplant worden – und plötzlich funktionierten sie alle.

LÖSCHBLATT Die Feuerwehr gehörte ja während der Flut zur Baubehörde und ist dann erst ab Mai 1962 in die neue Innenbehörde integriert worden als Feuerwehramt.

SCHMIDT Richtig. Die Innenbehörde wurde erst nach der Flut aufgebaut. Es war aber von vornherein beabsichtigt, eine solche Innenbehörde zu schaffen. Bis dahin gab es eine ziemlich alberne Behördenstruktur in Hamburg. Alles, was innere Sicherheit angeht, war auf drei oder vier verschiedene Behörden verteilt: Baubehörde, Sozialbehörde, Polizeibehörde, Gefängnisbehörde, Strom- und Hafenbau. Das war alles ein bisschen naiv. Hamburg war das einzige Bundesland ohne ein Innenministerium.

LÖSCHBLATT Gab es vonseiten der Hamburger Bürger Vorbereitungen auf eine Sturmflut?

SCHMIDT Dies war ja für damalige Verhältnisse eine ganz ungewöhnliche Sturmflut, auf welche die Masse der Hamburger Bürger überhaupt nicht vorbereitet war. Die wussten gar nicht, dass sie nah am Wasser wohnten. Die hatten die Alster vor Augen, und die Alster war immer friedlich.

LÖSCHBLATT Sie haben damals für die betroffenen Menschen 50 Mark »Handgeld« zur Verfügung gestellt und sich im Grunde über die Finanzbehörde hinweggesetzt.

SCHMIDT Das war ein Verstoß gegen die Gesetze, ja. Diejenigen, die da gerettet wurden, hatten ja nichts zu essen. Die kamen in Turnhallen, Krankenhäusern und allen möglichen behelfsmäßigen und vorläufigen Einrichtungen unter. Andere hatten Verwandte in der Stadt, in Eimsbüttel oder in Barmbek. Da war es trocken, und sie konnten zu ihren Verwandten, hatten aber nichts zu essen. In diesen trocken gebliebenen Stadtteilen gab es natürlich noch Lebensmittelläden. Dort konnte man Brot kaufen und Gemüse und Fleisch, aber sie hatten kein Geld dafür. Die Menschen haben ja nur ihre nackte Haut gerettet, keine Brieftasche bei sich – nichts. Da haben wir beschlossen, jeder erhält 50 Mark.

Die Finanzbehörde fand das unerhört. Aber ich habe mich durchgesetzt. Das war natürlich ein Verstoß gegen die Gesetze. Genauso wie es ein Verstoß gegen das Grundgesetz war, dass wir die Leute aus ihren Wohnungen rausgeholt haben, wo sie ansonsten erfroren oder ertrunken wären. Zum Teil gegen ihren Willen, einige haben sich ja an ihre Wohnung und Habe geklammert. Zu ihrem eigenen Schutz haben wir gegen das Gesetz verstoßen.

LÖSCHBLATT Einige Jahre vor der Hamburger Sturmflut waren Sie mit daran beteiligt, die Wehrverfassung ins Grundgesetz zu schreiben. Insofern wussten Sie, dass die Bundeswehr für zivile Aufgaben im Innern nicht herangezogen werden durfte. Sie taten es trotzdem, begingen formal einen Verfassungsbruch.

SCHMIDT Ja, richtig. Und die Soldaten haben es mitgemacht. Es war im Grundgesetz nicht vorgesehen.

LÖSCHBLATT Ist das auch etwas, was Sie aus Ihrer Zeit

als Soldat kennen, dass man manchmal handeln muss, ohne eine Vorschrift anzusehen?

SCHMIDT So etwas kommt im Leben eines Politikers häufiger vor, als die Bürger denken. Wenn sie es zum Beispiel zu tun kriegen mit der verbrecherischen Entführung eines Menschen, und die wollen den nur rauslassen unter der Bedingung, dass der Staat gleichzeitig zehn Verbrecher aus dem Gefängnis entlässt, die verurteilt sind oder in Untersuchungshaft sitzen, dann sind sie auch in einer Situation, die in keinem Gesetz vorgesehen ist. Da müssen sie auch handeln.

LÖSCHBLATT Herr Schmidt, wie ist es dazu gekommen, dass Sie in Hamburg Innensenator geworden sind?

SCHMIDT Ich war Bundestagsabgeordneter von 1953 an, und im Herbst 1961 gab es einen Landesparteitag der Hamburger Sozialdemokraten. Da bin ich als einer von mehreren Diskussionsrednern aufgetreten. Jeder durfte zehn Minuten reden, und ich habe in diesen zehn Minuten Redezeit dem Senat vorgestellt, dass sie dringend ein Innenministerium brauchen. Ich habe ihnen vor Augen geführt, was passiert, wenn ein Flugzeug auf dem Rathausmarkt abstürzt und man es mit einigen zig Toten und vielen Hundert Verletzten zu tun hat. Dann laufen alle wie die Hühner im Stall durcheinander, und keiner weiß, was getan werden soll. Statt etwas anzuordnen, würde dann zuerst einmal eine Senatssitzung einberufen. Ich habe sie durch den Kakao gezogen.

Das hat dazu geführt, dass die älteren Senatoren wütend waren auf den Schmidt. Aber sie haben eingesehen, dass ich recht hatte. Daraufhin haben sie gesagt, dann soll er das selber ausbaden, jetzt machen wir den zum

Innensenator. Ich bin dann zu meinem Parteivorsitzenden in Bonn gegangen, Erich Ollenhauer, und habe ihn gefragt: »Soll ich das machen, soll ich nach Hamburg gehen, soll ich das annehmen?«, denn das würde bedeuten, dass ich aus dem Parlament ausscheiden müsste. »Mach das mal, da lernst du was«, hat er zu mir gesagt.

Auf diese Weise sollte ich Innensenator werden. Aber dann kam schon die Flut, die Innenbehörde gab es immer noch nicht. Innensenator wurde ich erst einige Monate nach der Flut. Offiziell hieß ich bis dahin Polizeisenator. Die Polizei wurde damals ausgebildet, so wie ich 1937 ausgebildet worden bin. Ein Jahr lang rechts um und links um, im Laufschritt – Marsch, Marsch – so ein Blödsinn. Richtiger Blödsinn! Geisttötender Blödsinn für einen jungen Polizeibeamten! Das habe ich dann langsam und schrittweise geändert.

LÖSCHBLATT Herr Schmidt, wie waren Ihre Erfahrungen mit der Feuerwehr Hamburg während Ihrer Amtszeit?

SCHMIDT Die Erfahrungen mit der Feuerwehr waren sehr gut. Es stand dort ein Mann mit an der Spitze, der hieß Hans Brunswig. Herr Brunswig kannte massenhaft Gefährdungssituationen, weil er die Hamburger Bombenkatastrophe von 1943 persönlich miterlebt hatte. Er war damals schon Feuerwehrmann, und er war einer, der zupacken konnte. Der hatte auch Überblick und wusste, was wichtig und was unwichtig war. Papierkrieg war unwichtig, und Vorschriften waren auch nicht so wichtig. Auf den konnte man sich verlassen, auf die Feuerwehr konnte man sich verlassen – und auf die Wasserschutzpolizei, die muss ich im selben Atemzug nennen.

LÖSCHBLATT Gibt es zum Schluss etwas, das Sie den Freiwilligen Feuerwehren und den Kolleginnen und Kollegen der Berufsfeuerwehr in Hamburg mit auf den Weg geben möchten?

SCHMIDT Es ist 50 Jahre her, dass ich mich zuletzt mit solchen Themen beschäftigt habe. Das wäre anmaßend, wenn ich mir da irgendwelche Ratschläge erlauben würde. Aber ich habe großen Respekt vor den freiwilligen Feuerwehren in Deutschland. Das ist eine wichtige Sache, ein Rückgrat der Gesellschaft. Die sind auf ihre Weise in ihrem Dorf und in ihren Nachbardörfern genauso wichtig wie die Berufsfeuerwehr in Neumünster, Rendsburg oder in Hamburg.

III   MEIN HAMBURG

Ende 1984 war der Norddeutsche Rundfunk *an Helmut Schmidt mit dem Vorschlag herangetreten, unter dem Titel »Ein Mann und seine Stadt« einen Hamburg-Film mit ihm zu drehen. Im Februar 1985 fand ein vorbereitendes Gespräch Schmidts mit dem ZEIT-Redakteur Dieter Buhl statt, auf dessen Grundlage ein Jahr später das Treatment zum Film entstand. Der einstündige Film unter der Regie von István Bury wurde am 18. September 1986 im Abendprogramm der ARD ausgestrahlt.*

ERSTE ÜBERLEGUNGEN ZU EINEM
HAMBURG-FILM
EIN GESPRÄCH MIT DIETER BUHL

DIETER BUHL Ist man eigentlich seiner Heimatstadt gegenüber ungnädiger, oder ist Hamburg eine schwierige Vaterstadt, wie das Gustav Heinemann einmal von Deutschland gesagt hat – Deutschland sei ein schwieriges Heimatland?

HELMUT SCHMIDT Ich glaube nicht, dass man das übertragen kann. Mit seinem Wort vom schwierigen Vaterland Deutschland hat Gustav Heinemann die in manchen Abschnitten sehr problematische innen- und außenpolitische Geschichte Deutschlands gemeint. Er hat das 19. Jahrhundert gemeint mit dem sehr schwierigen und nicht immer glimpflichen Einigungsprozess, er hat insbesondere das 20. Jahrhundert gemeint mit den beiden Weltkriegen, mit der Nazi-Herrschaft. Hamburg ist keine schwierige Vaterstadt, das würde ich nicht sagen. Aber natürlich verdient diese Stadt über die Jahrhunderte nicht nur Lob und Preis, sondern sie verdient durchaus auch Kritik.

Es ist nach dem Zweiten Weltkrieg für einen Deutschen ein unerhörtes Glück gewesen, wenn er seine Heimatstadt behalten hat. Wenn man nicht vertrieben worden ist, wenn man nicht hat flüchten müssen aus seiner Heimatstadt. Insofern habe ich ganz besonders Glück gehabt. Ich bin hier geboren, ich bin hier aufgewachsen, hier wurden die Wurzeln meiner Vorstellungen von der Welt gelegt und gepflegt. Ich bin noch immer hier verwurzelt. Aber in einem Leben, wie ich es zu führen hatte – über 30 Jahre lang in der Politik, und das hieß, in Bonn und überall sonst, keineswegs bloß in Hamburg –, hat man natürlich sehr viel Abstand gewonnen. Man hat andere wichtige und wichtigere Städte kennengelernt und hat aus dem Abstand heraus gesehen, was man sich an zusätzlicher hamburgischer Leistung wünschen möchte. Manche dieser Wünsche wurden erfüllt, andere wurden bis heute nicht erfüllt.

Es hat immer kritische Geister gegeben, die Hamburg zugetan waren. Heinrich Heine ist hier zwar nicht geboren, aber er liebte Hamburg, er liebte wohl auch mindestens eine junge Frau, die in Hamburg lebte, vielleicht auch mehrere; die Liebe blieb unerwidert. Er empfing Geld von hier, von seinem Onkel, von seinen Verwandten, aber er hasste diesen Umstand und übertrug den Hass auf ganz Hamburg, insbesondere auf die Pfeffersäcke. Trotzdem, wenn man in der *Winterreise* oder sonstwo auf Hamburg stößt, dann sieht man, dass Heine diese Stadt geliebt hat. Es war eine bittersüße Zuneigung.

Bei mir ist es eine uneingeschränkte Zuneigung, aber den kritischen Abstand habe ich mir wohl bewahrt. Hamburg neigt zum Lokalpatriotismus, Hamburg neigt zur Selbstüberschätzung. Dieses Wort vom »Tor zur Welt«, das ist eine grandiose Selbstüberschätzung. Das »Tor zur Welt« ist Hamburg mal gewesen, bis zum Beginn des Ersten Weltkrieges, aber es war nicht das alleinige Tor zur Welt. Man darf Bremen nicht gering achten, man darf Frankfurt nicht gering achten, und man darf nicht übersehen, dass in der Zeit vor dem Ersten Weltkrieg das Tor der Welt nach Deutschland nicht in Hamburg stand, sondern in Berlin. Berlin war der Brennpunkt des Interesses der Welt. Wenn die europäischen Regierungen nach Deutschland guckten, guckten sie zunächst mal nach Berlin. Dieses Wort vom »Tor zur Welt« ist eine lokalpatriotische Übertreibung. Viele Städte in der Welt übertreiben ihre Bedeutung, das ist eine liebenswerte Marotte. Aber sie ist kennzeichnend. Hamburg denkt noch immer, es sei der größte und wichtigste Außenhandelsplatz, das ist es nicht mehr. Der wichtigste Außenwirtschaftsplatz – ich benutze mit Absicht ein anderes Wort – Außenwirtschaftsplatz ist Frankfurt am Main.

BUHL Wir kommen nachher sicher noch auf Hamburg als Welthafen und Welthandelsplatz zu sprechen. Aber vielleicht noch einmal zu Ihrem grundsätzlichen Verhältnis zu Hamburg: Was gefällt Ihnen an Hamburg am besten?

SCHMIDT Das ist so, als ob Sie fragen würden, was gefällt Ihnen an Ihrer Frau am besten. Darüber habe ich eigentlich noch nie richtig nachgedacht, und wenn man anfängt, darüber nachzudenken, empfindet man gleich eine Scheu, das zu definieren. So geht es mir mit Hamburg auch. Da müsste ich jetzt anfangen nachzudenken und empfinde sogleich eine Scheu, das zu definieren. An Hamburg gefällt mir, dass ich hier zu Hause bin.

BUHL Gibt es für Sie den typischen Hamburger?

SCHMIDT Es gibt hamburgische Typen. Dazu gehört zum Beispiel in der Generation, der ich angehöre, der Typus des innerhalb seines handwerklichen Berufes aufgestiegenen Facharbeiters. Genauer gesagt, des gewerkschaftlich organisierten, sozialdemokratischen Facharbeiters, der es zum Werkmeister gebracht hat und – im Laufe seines Lebens – zum Ausbilder von Hunderten von Lehrlingen oder der es zum immer wieder gewählten Betriebsrat oder sogar Betriebsratsvorsitzenden gebracht hat. Ein Typus, der diese Stadt repräsentiert, ein Mann, der durchaus eine Ahnung hat von der Welt draußen, wenngleich er selbst nicht so viel draußen gewesen ist, aber sich offene Augen und offene Ohren angeschafft hat im Laufe des Lebens, auch durch die Berührung mit seinen Prinzipalen. Wenn ich von seinen Prinzipalen rede – das ist ein Ausdruck, der inzwischen aus der Mode gekommen ist –, wenn ich von seinen Chefs rede, dann gibt es unter denen zum Beispiel den Typus des hamburgischen Importeurs und Exporteurs, wenngleich er immer mehr ausstirbt. Auch er ist ein Lokalpatriot, genau wie der Werkmeister oder der Betriebsrat, einer, der die Bedeutung seiner Stadt überschätzt. Er kennt die Welt draußen etwas besser als der Betriebsrat, dafür möglicherweise die soziale Landschaft innerhalb des eigenen Landes weniger gut als der Betriebsrat, aber im Allgemeinen hat er eine anständige Einstellung gegenüber dem Betriebsrat, wie umgekehrt auch der Betriebsrat gegenüber dem Chef eine anständige Einstellung hat. Er legt Wert darauf, in distinguierter Kleidung in die Stadt zu gehen und nicht etwa im offenen Hemd mit Halstuch, sondern sorgfältig im dunkelblauen Anzug, im Sommer im grauen Flanell oder etwas Ähnlichem, möglicherweise mit Nadelstreifen. Wenn es eine sogenannte gute alte Familie ist, dann müssen die Hemden aus London sein – in Wirklichkeit kommen sie aus Singapur oder Hongkong, aber er hat sie in London gekauft. Und er muss natürlich in Blankenese wohnen oder an der Elbchaussee – wenn er nicht ganz so betucht ist, dann vielleicht in Rissen oder in Wohldorf, aber man kann nicht in Langenhorn wohnen wie ich zum Beispiel.

Es gibt noch andere Typen, die diese Stadt verkörpern. Da ist der gediegene hamburgische Facheinzelhandelskaufmann am Neuen Wall oder am Jungfernstieg oder auch am Ballindamm oder in einer der anderen guten Geschäftsstraßen, der auf seinem Gebiet erste Klasse darstellt. Ich erinnere mich an einen Mann, der nicht mehr lebt, Dr. Götze. Das war ein Buchhändler in der Ferdinandstraße oder in der Hermannstraße – nach seinem Tod ist die Buchhandlung umgezogen –, bei dem nicht nur die Hamburger, sondern Leute von weither einen Stadtplan von Schanghai kaufen konnten oder einen detaillierten Atlas über einen Teil Australiens oder Tasmaniens oder Neuseelands. Dr. Götze war der Fachmann für Landkarten. Dann gibt es ein anderes Einzelhandelsgeschäft in Hamburg, das ist der Fachmann für Seekarten. Oder es gibt Geschäfte, die spezialisiert sind auf hochkomplizierte feinmechanische optische Geräte – heute sind sie nicht mehr so selten, aber zu meiner Zeit war das noch eine Besonderheit in Deutschland. Natürlich

Herrenmoden, Damenmoden – Staben am Rathausmarkt ist so eine Einrichtung, wo der Bankier sich früher seine Anzüge machen ließ; heute dauert das ein bisschen zu lange, ist auch ein bisschen zu teuer, heutzutage kauft er seine Anzüge von der Stange und lässt ändern.

Es gibt den Typus des hamburgischen Volksschullehrers, oder besser, es gab ihn. Heute hat sich das im ganzen Land ein bisschen angeglichen, aber vor dem Ersten Weltkrieg und in den zwanziger Jahren stand die hamburgische Volksschule an der Spitze moderner Pädagogik in Deutschland, nicht getragen von irgendwelchen Bürokraten, die in der Schulbehörde die Lehrer antrieben, was Neues zu machen, sondern getragen vom pädagogischen Impetus der Lehrerschaft selber. Das waren Leute, die eben nicht ihre festgelegten Stunden in der Schule gaben, sondern eigentlich den ganzen Tag für ihre Schülerinnen und Schüler da waren und sich immer Neues ausdachten. Sie gründeten Schulvereine und bauten Schullandheime außerhalb Hamburgs, an der Ostsee oder in der Lüneburger Heide oder Richtung Lauenburg oder Ratzeburg oder Mölln oder Richtung Nordsee. Außerdem richteten sie Freiluftschulen ein. Das alles ging zurück auf die Initiative von Lehrern, die es vermochten, die Eltern dafür zu begeistern und mit ihnen gemeinsam Vereine zu gründen. Solche Aktivitäten gibt es heute kaum noch. Von der hamburgischen Volksschullehrerschaft gingen enorm viele Impulse aus. Einer der letzten Repräsentanten dieser Schicht war Fritz Köhne, auch Ernst Mathewes, Landesschulrat in den fünfziger Jahren, verkörperte diesen Typus des hamburgischen Volksschullehrers.

BUHL Sie haben erwähnt, dass sich manche Kaufleute hier gern englisch kleiden. Hamburg steht ja im Ruf, anglophil zu sein. Sind die Hamburger »englischer« als andere Landsleute, und wenn ja, wie erklären Sie sich diese Vorliebe?

SCHMIDT Es hat mehrere geschichtliche Wurzeln, dass die Hamburger diese Anglophilie entwickelt haben. Eine der Wurzeln reicht sehr weit zurück. Der Bund der Städte, die sich Hanse nannten, reichte von London im Westen und Bergen in Norwegen bis nach Nowgorod im Osten und schloss viele Städte Flanderns, Hollands, Deutschlands ein. London war ein Eckpunkt ihres Interesses. Das änderte sich später, als Amerika entdeckt wurde und die Seewege und der Fernhandel sich nicht mehr nur auf Nordsee und Ostsee erstreckten oder aufs Mittelmeer, sondern der Handel nun über den Atlantik ging, in den Indischen Ozean und in den Pazifischen Ozean. Da verlor London für Hamburg an Bedeutung.

Aber zur Zeit der Napoleonischen Kriege rückte es wieder in den Mittelpunkt. Napoleon unterjochte fast ganz Europa, aber England konnte er nicht unterjochen. Damals war für die Franzosen der Kanal so tief, wie er heute für die Engländer immer noch zu sein scheint. Napoleon belegte England mit einer Handelsblockade, der sogenannten Kontinentalsperre, und die traf nicht nur die Engländer, sondern alle, die nun nicht mehr handeln durften, zum Beispiel die Hamburger. Die Hamburger fanden das unerhört. Hamburg selbst wurde ein französisches Departement, und ein französischer General, Davout, legte die Vorstädte in Schutt und Asche, um Schussfeld zu gewinnen für seine Kanonen. So entstand eine heimliche Sympathie mit den Engländern, zumal die sich nicht unterkriegen ließen. Die Engländer sind zähe Leute, die halten viel aus. Das hat den Hamburgern imponiert. Das ist die zweite Wurzel dieser hamburgischen Anglophilie. Hinzu kam, dass Englisch im Laufe des späten 19. und im 20. Jahrhundert mit dem Aufstieg der Vereinigten Staaten von Amerika die Weltsprache wurde.

Ein Teil der oberen Schichten der hamburgischen Society hat seit dem 19. Jahrhundert ganz gern nach England geguckt. Man schickte seine Söhne zur Ausbildung dorthin oder auch in andere Gegenden der englisch sprechenden Welt. Und dies hat sich dann übertragen auf viele in Hamburg Lebende, die mit Ex- und Import gar nichts zu tun hatten. Als die Engländer 1943, innerhalb einer Woche, 35 000 Hamburger vom Leben zum Tode brachten durch ihre Bombenangriffe, wurde das – mit Recht übrigens – mehr Hermann Göring und Adolf Hitler angelastet als den Engländern. Und als sie 1945 als Besatzungsmacht hierher kamen und auch ein paar Dummheiten machten, haben die Hamburger ihnen das nicht angekreidet, denn die Engländer waren ein Volk, das man mit Sympathie betrachtete.

BUHL Wo haben Sie die Bombardierung 1943 erlebt? Wo waren Sie während der Zeit?

SCHMIDT Zu der Zeit war ich durch Zufall ein paar Tage an der mecklenburgischen Ostseeküste auf einem Schießplatz. Da wurden neue Waffen ausprobiert. Der Himmel verfinsterte sich, und wir dachten, es sei eine Sonnenfinsternis ausgebrochen, von der wir mangels Zeitung vorher nichts erfahren hatten. Im Laufe des

Nachmittags kamen dann Gerüchte auf, die besagten, dass Hamburg brenne und dies sei der Ascheregen. So war es auch. Es kam nichts runter von oben, aber der Himmel war ganz trüb, er muss voller Aschestaub gewesen sein.

BUHL Hamburg ist ja im Verlauf seiner Geschichte häufiger zerstört worden. Es gibt Leute, die behaupten, einen Teil hätten die Hamburger selbst besorgt. Alfred Lichtwark hat einmal von der Freien und Abrissstadt Hamburg gesprochen. Haben Sie den Eindruck, dass Hamburg mit seiner historischen Bausubstanz in der Vergangenheit zu rüde umgegangen ist?

SCHMIDT Das mag man heute so sehen, nachdem von der alten Bausubstanz fast alles durch den Bombenkrieg zerstört worden ist. Da tut es einem leid um jedes alte Haus, das möglicherweise dem Bagger zum Opfer fällt. Als ein Mann wie Fritz Schumacher – damals hamburgischer Oberbaurat – vor dem Ersten Weltkrieg anfing, große Straßen durch die Gängeviertel Hamburgs zu legen, war das im Grunde notwendig. Diese alten Bruchbuden, in denen es kein fließendes Wasser gab und keine Toiletten, in denen die Menschen in kümmerlichster Weise hausten, waren in Wirklichkeit historisch nicht so wertvoll, dass man sie hätte erhalten müssen. Hamburg war ja nicht Rom, mit großen repräsentativen Kultbauten oder Staatsbauten, die Zeugnisse einer großen Geschichte waren, sondern dies war eine zum Teil aus mittelalterlichen Vierteln bestehende Stadt, und ein großer Teil war schon abgebrannt beim großen Hamburger Brand 1842. Nun ging man daran, die Mönckebergstraße durchzubrechen und moderne Stadtviertel zu errichten.

Das hat man damals auf der ganzen Welt gemacht. Deshalb finde ich den Vorwurf postum verständlich, aber eigentlich nicht gerechtfertigt. Ich will Alfred Lichtwark nicht kritisieren. Aber ich kann mir nicht gut vorstellen, dass er das ganze Gängeviertel hätte erhalten wollen. Er mag einzelne Gebäude vor Augen gehabt haben. Er stammte aus Reitbrook in den zu Hamburg gehörigen Vierlanden, und in den Vierlanden gab es künstlerisch und geschichtlich hoch wertvolle Bauernhäuser, die auf jeden Fall erhaltenswert waren – schon zu seiner Zeit, zu unserer Zeit erst recht.

Die wenigen bedeutenden Bauten, die die Hamburger in ihren Mauern aufzuweisen hatten, haben sie eigentlich gepflegt. Die alten Kirchen zum Beispiel. Einige sind abgebrannt, und die haben sie wieder aufgebaut. Aber was sonst hätte man erhalten sollen? Die Schiffe fuhren in die Fleete und legten direkt unter den Kaufmannshäusern an; dann wurde mit der Winde das Sackgut aus den Schiffen rausgeholt und in die Diele oder auf die höheren Böden gelegt, und die Schiffe wurden wieder beladen. Aus demselben Fleet nahm man das Trinkwasser und das Wasser für die Brauereien, und dasselbe Fleet diente gleichzeitig als Abwassersiel – das waren Verhältnisse, die man nicht aufrechterhalten konnte. Die Hamburger haben einen ersten großen Akt der willentlichen Veränderung ihrer Stadt begangen, als sie in der zweiten Hälfte des vorigen Jahrhunderts die alten, an holländische und flämische Städte erinnernden Wohnviertel auf dem Grasbrook niederlegten, um daraus Häfen zu machen, moderne Häfen für Dampfschiffe. Man brauchte tiefe Häfen, und die konnte man nicht irgendwo auf der Geest anlegen, die mussten am Wasser angelegt werden. Dazu mussten die alten Wohnviertel weichen.

Für die Jahre nach dem Zweiten Weltkrieg kann man Hamburg eher Vorwürfe machen. Es herrschte eine ungeheure Wohnungsnot in dieser zu siebzig, achtzig Prozent zerstörten Stadt, in die etwa anderthalb Millionen Menschen zurückkamen und hier Wohnung suchten. Unter diesem Druck ist schnell gebaut worden. Zwar wurde schrecklich viel geplant und vorgeschrieben, aber zugunsten der schnellen Beschaffung von Wohnraum wurden vielfach ästhetisch und planerisch unbefriedigende Kompromisse geschlossen.

BUHL Wo finden Sie heute Hamburg am schönsten?

SCHMIDT Natürlich rund um die Alster, sowohl um die Binnenalster als auch um die Außenalster. Das sind zwei völlig verschiedene Stadtlandschaften. Ich will nicht sagen, dass sie einmalig sind auf der Welt, aber Sie müssen lange nachdenken, bis sie eine Stadt finden, wo im Zentrum der Stadt zwei so wunderschöne Seenlandschaften wie die Binnenalster, umstanden von sechsstöckigen repräsentativen Häusern und Bäumen, und die Außenalster, umgeben von sehr viel Grün, eine solche Weite des Blicks ermöglichen. Man kann mit Einschränkung sagen, Zürich oder Genf seien wenigstens um die Seespitze herum gebaut worden, man kann an Boston denken und den Charles River oder an die Seine in Paris, die hinreißende Stadtlandschaften aufweist. Aber das alles ist etwas anderes als die Alster, die einen See bildet, der eine gewisse Tranquilität ausstrahlt, das ist schon etwas in der Welt Herausragendes. Meistens sagt man in

Hamburg »die Alster« und meint zwei völlig verschiedene Landschaften mit diesem einen Wort, aber das ist nicht ganz zutreffend. Die Binnenalster ist etwas Einmaliges, und die Außenalster ist auch etwas Einmaliges.

BUHL Sie sagten im Zusammenhang mit dem Stadtbild, es gebe in Hamburg eigentlich keine Zeugnisse großer Geschichte. Große Geschichte ist in Hamburg nie gemacht worden. Was sind für Sie die wichtigsten Stationen der hamburgischen Geschichte, gibt es Zäsuren, die man beachten muss?

SCHMIDT Wir Hamburger spielen uns immer gern mit unserem Hanseatentum auf. Ich selber tue das auch ganz gern. Jedenfalls habe ich nichts dagegen, wenn andere Leute mich zu einem preußischen Hanseaten erklären. Das ist mir sehr viel lieber, als wenn jemand mich als einen hanseatischen Preußen bezeichnen würde. Das Wort Hanseatentum trügt aber darüber hinweg, dass Hamburg zur Zeit der Hanse zwar eine ordentliche Rolle, aber keine große Rolle gespielt hat. Die große Rolle spielte hier in unserer Gegend Lübeck. Lübeck war der Hauptort einer der vier Großregionen, in die die Hanse ihren Städtebund eingeteilt hatte – des wendischen Kreises, und Hamburg gehörte zum wendischen Kreis. Hamburgs große Rolle war eigentlich erst erreicht im 19. Jahrhundert, und da gab es keine Hanse mehr. Da nannte man sich nur noch so. Zum Schluss gab es nur noch drei Städte, die sich so nannten im offiziellen Titel des Stadtstaates: Lübeck, Bremen und Hamburg.

Aber Hamburg war schon früh ein geistiger Hauptort, schon in der Mitte des 17. Jahrhunderts. Die hamburgische Staatsoper zum Beispiel ist dreihundert Jahre alt.

Lessing hat hier seine *Hamburgische Dramaturgie* geschrieben. Händel hat hier angefangen, Opern zu komponieren. Im 18. und 19. Jahrhundert ist Hamburg dann ein Vorposten der Liberalität geworden. Die Hamburger haben für diese Liberalität keinen eigenen spezifischen Ausdruck geprägt wie etwa die Bayern, die in einigen Gegenden von der *Liberalitas Bavariae* sprechen. So einen Ausdruck haben die Hamburger nicht erfunden, aber er wäre angemessen, wie ich ja überhaupt glaube, dass es geheime Berührungspunkte gibt zwischen einer gewissen Urbanität in Bayern und der Urbanität in Hamburg.

BUHL Impliziert nicht Hanseatentum schon eine gewisse Liberalität?

SCHMIDT Ja, ich stimme Ihnen zu. Zur Liberalität Hamburgs hat natürlich beigetragen, dass hier aus richtigem liberalen Instinkt Menschen aufgenommen wurden, die woanders verfolgt wurden, die Hugenotten oder die portugiesischen Juden. Es gab kein Ghetto in Hamburg, Juden waren hier akzeptiert, und sie haben beigetragen. Hugenotten wurden hier akzeptiert, und sie haben beigetragen. Wenn man sich ein Register der Präsides der Hamburgischen Handelskammer über die letzten zweihundert oder dreihundert Jahre ansieht, findet man zahlreiche französische Hugenotten-Namen: de la Camp, de La Trobe, Chapeaurouge. Wenn wir heute einem solchen Namen begegnen, denken wir normalerweise nicht daran, dass die Vorfahren aus Frankreich vertrieben worden sind, weil sie Protestanten waren. Diesem Zustrom von draußen verdankt Hamburg eine ganze Menge an Weltoffenheit.

Übrigens gab es im 19. Jahrhundert auch indirekte spanische Einflüsse, Einflüsse aus Südamerika. Zu einer Zeit, als es noch kein Deutsches Reich gab, schloss Hamburg Handelsverträge mit Brasilien, Argentinien, Chile. Hamburger Kaufleute gingen dorthin, wurden zum Teil sesshaft, gründeten Familien drüben. Es gab auch Hamburger, die Brasilianerinnen heirateten und sie hierher brachten. Insofern war dies schon eine weltstädtische Entwicklung. Man darf nicht vergessen, dass Hamburg im 19. Jahrhundert, bis in die späten Bismarck-Jahre hinein, die bedeutendste Stadt Deutschlands war, was heute niemandem recht bewusst ist.

BUHL Selbst während der Nazi-Zeit hat es in Hamburg offenbar eine gewisse Liberalität gegeben.

SCHMIDT Ja, man kann das vielleicht an einem Beispiel zeigen. Meine Frau und ich sind 1929 auf die Lichtwarkschule am Stadtpark gekommen. Das war eine sogenannte Oberschule, die von engagierten, zum Teil besessenen Pädagogen gemacht wurde, die sich dort zusammengefunden hatten. Eine sehr moderne Schule, der wir beide sehr viel verdanken – leider keine ausreichende Kenntnis fremder Sprachen. Diese Schule hatte einen eigenen Geist, und es herrschte ein großes Zusammengehörigkeitsgefühl. 1934 wurde unser Schulleiter Heinrich Landahl – der nach dem Krieg übrigens eine Zeit lang Senator war – rausgesetzt von den Nazis. Der von den Nazis eingesetzte Mann – er hieß Erwin Zindler – dachte, er hätte von Heinrich Landahl einen »roten Sumpf« geerbt, einen Saustall, der ausgemistet werden müsste. So sagte er es in seiner Antrittsrede. Aber Zindler wurde vollkommen umgedreht. Als die Nazis drei

Jahre später die Schule auflösten, da weinte er, aber nicht, weil er seinen Posten loswurde – er kriegte woanders einen Posten –, sondern weil er inzwischen begriffen hatte, dass hier eine Liberalität, eine künstlerische Offenheit und eine mitmenschliche Atmosphäre bestand, die zu zerstören eine schlimme Untat war. Das hatte der Mann innerhalb von drei Jahren begriffen. Das ist ein Beispiel dafür, dass die Atmosphäre und die liberale Tradition in dieser Stadt selbst nationalsozialistisch irregeführte Menschen zum Nachdenken bringen konnten.

BUHL Vielleicht sollten wir jetzt zur Wirtschaft kommen. Hamburg galt ja doch lange Zeit, auch nach dem Kriege, als besonders erfolgreiche Handels- und Industriestadt. Das hat sich inzwischen geändert. Die Wirtschaftsdaten sind nicht besonders positiv, die Arbeitslosigkeit ist hoch, die Verschuldung ist hoch. Wie erklären Sie sich diesen wirtschaftlichen Niedergang?

SCHMIDT Mit dem Wiederaufbau Hamburgs habe ich in den späten vierziger, frühen fünfziger Jahren als ganz junger Mann zu tun gehabt. Ich war 26 Jahre alt, als der Krieg zu Ende war, und als ich dann mit dem Studium fertig war, war ich 30. Die Stadt wurde geführt von gestandenen Männern wie Max Brauer, Paul Nevermann, Adolf Schönfelder, Walter Dudek – Leute, die schon vor 1933 eine Rolle gespielt hatten. In der Handelskammer wirkte Albert Schäfer, einer der wenigen herausragenden Industriellen in Hamburg. Es waren Leute, die verständlicherweise, soweit wie möglich, die alten Strukturen wiederherstellen wollten, ein bisschen moderner vielleicht, aber im Grunde so, wie sie es kannten. Sie wollten den Hafen wiederherstellen, das haben sie auch getan.

Aber sie sahen deutlich, dass der Hafen zum damaligen Zeitpunkt seine für Deutschland ausschlaggebende Rolle mindestens vorerst nicht wiedergewinnen konnte, weil Hamburg vom Hinterland abgeschnitten war. Der hamburgische Hafen war ein Seehafen gewesen auch für die Tschechoslowakei, auch für Ungarn, für Mitteldeutschland, für Sachsen. Man hoffte auf eine baldige Wiedervereinigung und baute sozusagen einen Hafen auf Vorrat. Etwas später sah man dann, dass die Wiedervereinigung so schnell wohl nicht kommen würde.

Dann wollte man wenigstens Handel mit dem östlichen Teil Mitteleuropas treiben und auf diese Weise den Hamburger Hafen zum Zuge bringen. Das waren nicht nur Sozialdemokraten, die so dachten, sondern auch Männer wie Kurt Sieveking, der vier Jahre Bürgermeister gewesen ist, oder der Hafendirektor Ernst Plate, der eine Zeit lang Wirtschaftssenator war. Sie erfanden das Stichwort »Politik der Elbe« und meinten damit etwas, was sehr viel später Ostpolitik genannt wurde – Handel und Wandel mit dem östlichen Teil Mitteleuropas. Aber selbst wenn alles gut gegangen wäre, konnten die begrenzten Möglichkeiten dem Hamburger Hafen seine ursprüngliche Bedeutung nicht zurückbringen. Hinzu kam die Verschiebung des wirtschaftlichen Schwergewichts der Bundesrepublik Deutschland an die Ruhr, was zur Folge hatte, dass Rotterdam zum Haupthafen Deutschlands wurde. Vor allen Dingen aber sah man damals nicht, dass die Struktur der Wirtschaft insgesamt sich so änderte, dass man vom Hafen allein nicht zwei Millionen Menschen ernähren konnte. Die Identität von Schifffahrt und Welthandel löste sich auf. Es war nicht mehr ein und dasselbe Kontor, vom dem aus die Schiffe und der Handel dirigiert wurden.

Der Handel wurde dirigiert aus Düsseldorf oder an den Standorten der Chemiekonzerne, aus Stuttgart, vor allen Dingen aus Frankfurt. Wozu brauchte die Industrie einen hamburgischen Kaufmann, um ihre Produkte zu verkaufen oder um ihre Niederlassungen in der Welt einzurichten und später ihre Tochterfabriken zu bauen. Die Hamburger haben nicht gesehen, dass der Außenhandel nicht entfernt die gleichen Zuwachsraten haben würde wie die deutsche Wirtschaft insgesamt und dass sein relatives Gewicht immer stärker zurückgehen würde. Erst etwa Mitte der fünfziger Jahre erkannten sie, dass die Industrie ein genauso wichtiges Bein war wie der Hafen.

In der Industrie gab es traditionell zwei Schwerpunkte in Hamburg, nämlich die Nahrungsmittelindustrie, Zigaretten, Brauereien, Ölmühlen usw., und die Schiffbauindustrie. Sehr viel später sah man dann, dass auch dies auf die Dauer keine tragfähige Grundlage für eine erstklassige industrielle Entwicklung sein würde. Inzwischen hatte man zugelassen, oder besser, ohne wesentliche Gegenwehr hingenommen, dass die von den Alliierten zerschlagenen Großbanken wieder aktiv wurden, aber nicht etwa hier, sondern in Frankfurt. Das sind, aus der Rückschau betrachtet, systematische Fehleinschätzungen, für die man aber niemanden schuldig sprechen darf. Dass diese Fehleinschätzungen allerdings auch noch in den siebziger Jahren perpetuiert worden sind, ist bedauerlich. Statt die Fehler zu korrigieren, ließ man sich zeitweilig auf wirtschaftsideologische Auseinandersetzungen ein, das hat die Sache nicht besser gemacht.

Natürlich spielt auch die von den Alliierten vorgenommene Grenzziehung der nach dem Zweiten Weltkrieg künstlich geschaffenen Länder eine große Rolle. Das Territorium dieser Stadt war zu klein, um im großen Maßstab Neues anzufangen. Das ist im Regierungsbezirk Oberbayern mit dem Zentrum München ganz anders. Das ist in Frankfurt anders, das ist in Stuttgart anders, das ist in Düsseldorf und an der Ruhr anders.

Vieles wird im Laufe der nächsten dreißig Jahre schrittweise wettgemacht werden. Heute in dreißig Jahren werden in Hamburg auf einen Arbeiter vielleicht fünf Angestellte kommen, fünf Leute, die in Büros arbeiten, und einer, der mit der Hand arbeitet. Fünf Leute werden Dienstleistungen erbringen. Natürlich ist Hamburg ein hervorragender Standort für Dienstleistungen aller Art. Banken, Versicherungen, Wirtschaftsprüfung, rechtliche Beratung, Konstruktion, Entwicklung, das braucht nicht viel Fläche und wird sich hier groß entfalten, wenn wir Hamburger nicht schlafen. Ich glaube, dass wir um die Jahrhundertwende schon deutliche Ergebnisse dieser positiven Entwicklung sehen werden, insbesondere, weil wir gleichzeitig auch endlich kapieren, dass wir mehr Gewicht legen müssen auf die High Technology, um in der Spitze dabei zu sein. Ich sehe also auf mittlere Zukunft keineswegs schwarz für diese Stadt.

BUHL Das heißt, Sie sind insgesamt zuversichtlich, wenn Sie an die Zukunft des Wirtschaftsstandorts Hamburg denken. Gibt es etwas, das Ihnen Sorge bereitet?

SCHMIDT Es ist sehr bedauerlich, dass die hamburgischen Privatbanken fast völlig verschwunden sind. Sie sind zum großen Teil nichts weiter als Töchter oder Filialen von anderen größeren Banken geworden. Banken spielen in Deutschland gegenwärtig eine unangemessen große Rolle, genauer gesagt, die Großbanken spielen eine unangemessen starke Rolle, auch für die industrielle Entwicklung Deutschlands. Und diese Großbanken sitzen in Frankfurt, zum Teil mit einem Nebensitz in Düsseldorf. Natürlich haben sie überall ihre Filialen, auch in Hamburg, aber der Vorstandsvorsitzende sitzt in Frankfurt. Wenn es hoch kommt, haben sie ein Vorstandsmitglied, das für Hamburg mitverantwortlich ist. Diese Großbanken haben eine sehr große Reichweite heute in der deutschen Wirtschaft, von ihnen könnte eine weitreichende Initiative ausgehen. Von den hamburgischen Privatbanken ist eine Initiative nicht zu erwarten. Sie wird auch kaum von der Handelskammer kommen, sie wird kaum aus dem hamburgischen Handwerk kommen, das ganz ausgezeichnet ist, aber völlig unterschätzt wird in dieser Stadt.

Ein zweiter Punkt betrifft die Universitäten. Die Stadt darf nicht zulassen, dass sie Forschung um der Forschung selbst willen betreiben. Es kann ein anerkennenswerter Grundsatz sein, Ausbildung um der Bildung willen zu betreiben, aber die Universitäten müssen darüber hinaus ihre wirtschaftliche Aufgabe erkennen. Eine enge Verbindung zwischen der neu entstehenden Technischen Universität in Harburg und der Universität Hamburg einerseits und den Unternehmen andererseits ist dringend wünschenswert. Das wird nicht dazu führen, dass sich an der Edmund-Siemers-Allee am Dammtor rund um die Universität ein neues Silicon Valley entfalten wird. Aber es könnte zum Beispiel dazu führen, dass an der hamburgischen Universität eine Business-School entsteht, an der in Zusammenarbeit mit den Unternehmen Fächer unterrichtet werden, die heute gebraucht werden: Wirtschaftsprüfung, Rechtsberatung, Unternehmensberatung, Infrastruktur.

BUHL Hamburg leidet im Augenblick besonders unter den Folgen der Industrialisierung. Es scheint hier mehr Umweltprobleme zu geben als in irgendeiner anderen Region der Bundesrepublik. Hat Hamburg da politische Sünden begangen?

SCHMIDT Nein, das glaube ich nicht. Ich glaube eher, dass die Hamburger gegenwärtig etwas akribischer sind im Aufspüren von allen möglichen Sünden. Wenn andere anfingen, mit derselben Akribie danach zu forschen, würden sie mehr finden. Ich glaube nicht, dass Hamburg besondere Sünden begangen hat. Sie fallen einem hier stärker auf, weil die Industrie und die Wohnviertel hier so eng miteinander verquickt sind wie sonst nur in einer einzigen anderen Region, nämlich an der Ruhr.

BUHL Sie sagten einmal, Sie hätten noch in der Alster gebadet. Wann war das?

SCHMIDT Ja, als ich ein Junge war, Anfang der dreißiger Jahre.

BUHL Können Sie sich vorstellen, dass das irgendwann einmal wieder möglich ist?

SCHMIDT Ja, aber nicht zweckmäßig. Da gibt es zu viele Segelboote, die fahren einem den Kopf ab.

BUHL Wenden wir uns den Parteien zu. Die SPD in Hamburg ist ja ein bisschen ins Gerede gekommen. Wie erklären Sie sich den wenig überzeugenden Zustand Ihrer Partei?

SCHMIDT Ich glaube, Sie müssen die hamburgische SPD vor dem Hintergrund der Gesamtentwicklung der SPD sehen. Das ist keine besondere Entwicklung hier. Wenn ich meinen Blick auf Hamburg richten soll, so will ich anknüpfen bei meiner Antwort auf Ihre Frage nach typischen Hamburgern. Ich habe Ihnen als Ersten den Facharbeiter genannt, der zum Werkmeister oder zum Betriebsrat aufgestiegen ist. Zum Werkmeister, weil sein Chef gesehen hat, was er alles kann und in ihn Vertrauen setzte, oder zum Betriebsrat, weil seine Kollegen gesehen haben, was er alles kann und in ihn Vertrauen gesetzt haben. Dieser Typus, der durch eigene Leistung und das Vertrauen seiner Chefs und Kollegen aufgestiegen war, machte die hamburgische Sozialdemokratie aus – bis in die sechziger Jahre. Einige von ihnen stiegen auf bis an die Spitze der Stadt. Ich will drei Leute nennen. Max Brauer war ein Handwerker gewesen, ein Glasbläser, eine typische sozialdemokratische Karriere. Adolf Schönfelder, sozusagen der Vater der Stadt, der neben dem energischen Max Brauer für den weisen Ausgleich sorgte, war ein Zimmermann gewesen. Und Walter Schmedemann, der den Hamburgern in seiner staatspolitischen Weisheit nie ins Bewusstsein getreten ist, weil er bescheiden war, Walter Schmedemann, den ich für einen der größten Politiker Hamburgs halte nach dem Krieg, war ungelernter Arbeiter, Krankenträger im Krankenhaus. Er wurde Gesundheitssenator und spielte eine wichtige, stabilisierende Rolle innerhalb der hamburgischen Sozialdemokratie.

Daneben gab es auch durchaus studierte Leute. Ich nannte Walter Dudek, Oberbürgermeister in Harburg-Wilhelmsburg, später Finanzsenator, oder Paul Nevermann, der lange Zeit der zweite Mann und Kronprinz unter Max Brauer gewesen ist. Und es gab in der hamburgischen Sozialdemokratie viele gewerbliche Aufsteiger, die wussten, wo sie herkamen, und die vital genug waren, kraft besserer Bildung, die ihnen die Sozialdemokraten ermöglicht hatte, die Intellektuellen zu assimilieren und dazu zu bringen, sich anzupassen. Beides ist verloren gegangen: die große Bedeutung des gewerblichen Aufsteigers, der aus einem handwerklichen Beruf kam, und infolgedessen auch die zwangsläufige Anpassung derjenigen, die mit einem schönen, an Gelegenheit reichen Bildungsweg ausgestattet als quasi Erwachsene auf die Gesellschaft losgelassen wurden. Die waren jetzt nicht mehr gezwungen, sich an den Betriebsrat anzupassen. Heute besteht manchmal die gegenteilige Gefahr, dass der Betriebsrat sich den Intellektuellen anpassen muss. Ich bedaure diese Entwicklung zutiefst, aber sie ist, wie gesagt, nicht nur in Hamburg zu beobachten.

BUHL Wilhelm Kaisen hat einmal gesagt, von wem eigentlich Hansestädte regiert werden müssten …

SCHMIDT Wilhelm Kaisen ist ein Mann, den man im gleichen Atemzug nennen muss mit Brauer, wahrscheinlich der Bedeutendere von beiden, übrigens ein Hamburger, aus Langenhorn stammend. Wilhelm Kaisen ist auch ein Mann, der von ganz unten kam, wie man zu sagen pflegt, und nach dem Krieg an die Spitze seiner Wahlheimat Bremen gelangte. Er hat das Wort geprägt, Bremen muss von Arbeitern und Kaufleuten regiert werden. Ich halte dieses Wort für richtig – allerdings mit einer doppelten Einschränkung. Die Zahl der Arbeiter nimmt ab, auch in Bremen, und die Zahl der Kaufleute von Bedeutung nimmt ab, auch in Bremen; und auch in Bremen ist ein relativer Rückgang der Bedeutung des Außenhandels und des Großhandels zu konstatieren – genau wie in Hamburg. Aber was Kaisen meinte, ist richtig: Eine Stadt muss regiert werden von Repräsentanten der breiten Schichten des arbeitenden Volkes und gleichzeitig von solchen, die den wirtschaftlichen Überblick haben und die Welt kennen.

BUHL Die hamburgische Verfassung gibt dem Bürgermeister nicht allzu viel Autorität qua Verfassung. Hindert das einen Hamburger Bürgermeister nicht in seiner Entfaltung?

SCHMIDT Die Antwort ist eindeutig nein. Das hindert die Möglichkeit der Entfaltung einer reich veranlagten Person zu einem großen Bürgermeister nicht. Es hat Brauer nicht gehindert, es hat vor allen Dingen Herbert Weichmann nicht in seiner Entfaltung gehindert. Weichmann war geistig wahrscheinlich der bedeutendste Bürgermeister, den Hamburg in diesem Jahrhundert gehabt hat. Ich habe dabei durchaus Carl Wilhelm Petersen mit im Blick und auch Max Brauer, diesen dynamischen Bulldozer, dem der hamburgische Wiederaufbau zu einem großen Teil zu verdanken ist. Weichmann hat die Stadt geführt kraft seiner geistigen Ausstrahlung und trotz der Hemmnisse in der Verfassung. In der Verfassung steckt viel Gewaltenteilungsidealismus, auch die alte Vorstellung von einer Bürgerbeteiligung an der Administration. Die funktioniert aber schlecht und hat kaum noch eine Bedeutung, weil das Landesparlament heute eine zu große Rolle spielt, auch die politischen Parteien und ihre Organisationen eine zu große Rolle spielen. Wenn man im Lichte der Erfahrung seit dem Kriege die hamburgische Verfassung heute neu machen würde, würde man sie an einigen Punkten wohl vielleicht etwas anders machen, aber man soll nicht dauernd an der Verfassung herumbasteln. Insofern bin ich auch ein Anglophiler. Die Engländer haben überhaupt keine geschriebene Verfassung und sind damit hervorragend gefahren. Wir Deutschen sind da anders geartet, wir brauchen etwas Geschriebenes; der gesunde Menschenverstand gilt zwar was bei uns, aber das Geschriebene gilt noch mehr. Ich wäre bereit, eine Reihe von Ungereimtheiten der hamburgischen Verfassung noch lange in Kauf zu nehmen, wenn die praktische Handhabung dafür sorgt, dass der gesunde Menschenverstand sich durchsetzt, die pragmatische Vernunft.

BUHL Trotz aller wirtschaftlichen und politischen Schwierigkeiten, über die wir gesprochen haben, funktioniert die Stadt. Wenn Sie sie mit anderen Weltstädten vergleichen, schneidet sie dann nicht besonders gut ab?

SCHMIDT Hamburg ist mit dem Titel Weltstadt ein bisschen leichtfertig. Man kann diese Stadt eine Weltstadt nennen wegen ihrer geistigen Weltläufigkeit, das ist richtig. Aber wenn eine Stadt mit anderthalb Millionen sich für eine Weltstadt hält, dann soll sie nicht aus dem Auge verlieren, dass Städte wie Schanghai oder Mexiko City oder Kairo oder Tokio um vieles größer sind, manche zehnmal so groß. Auch Paris oder London sind viel größer. Hamburg muss sich klarmachen, dass es im Vergleich dazu nicht zur obersten Kategorie der Weltstädte gehört. Dies vorweg geschickt, ist Hamburg natürlich in mancher Beziehung sehr viel gesünder als Schanghai, unendlich viel gesünder als Mexiko City oder Kairo. Nicht gesünder als Tokio, nicht notwendig gesünder als Paris oder London, aber in sich relativ gesund. Die Disziplin der Bürger, ihre Stadt sauber zu halten, könnte allerdings noch etwas besser sein. Ich kenne eine Weltstadt, die unendlich viel sauberer ist als Hamburg, das ist Singapur. Allerdings wird die Sauberkeit dort erzwungen mit drakonischen Polizeistrafen. Jemand, der eine Kippe auf den Bürgersteig wirft, muss viel bezahlen, wenn er dabei beobachtet wird.

Insgesamt ist der Organismus dieser sehr kleinen Weltstadt Hamburg in sich relativ gesund. Allerdings ist auf die Dauer eine Arbeitslosigkeit um zehn Prozent in ihrer psychischen Auswirkung schwer abzuschätzen. Das Problem der Dauerarbeitslosigkeit kann eine Stadt wie Hamburg aber nicht aus eigener Kraft bessern.

BUHL Trotz aller Schwierigkeiten ist Hamburg aber immer noch eine sehr attraktive Stadt.

SCHMIDT Attraktiv und sehr wohlhabend.

BUHL Eine solche Stadt muss heutzutage auch verkauft werden. Haben Sie den Eindruck, dass Hamburg gut für sich wirbt, wenn man es beispielsweise vergleicht mit Städten wie München oder auch Köln?

SCHMIDT Kann man für eine Stadt werben? Generelle Antwort: ja. Zweite Frage: Für was soll geworben werden: Für den Fremdenverkehr? Das ist in Hamburg nur hinsichtlich der Sommermonate Erfolg versprechend. Man kann das schlechte Wetter von Oktober bis April wettmachen, wenn das kulturelle Angebot das schlechte Wetter überstrahlt. Aber insgesamt kann diese Stadt nicht vom Fremdenverkehr leben. Weder können Sie aus Hamburg ein Davos machen noch ein Florenz. Die Leute werden sich in Hamburg nicht drei Wochen zum Urlaub niederlassen, sondern zwei oder drei Tage, um eine Uraufführung in der Staatsoper mitzuerleben, und sich vielleicht bei der Gelegenheit zu einem Gespräch mit einem Geschäftsfreund verabreden. Man kann für die Leistungsfähigkeit der Stadt als Dienstleistungsstandort werben. Aber diese Art von Werbung für eine Stadt oder eine Region innerhalb eines so kleinen Landes wie der Bundesrepublik Deutschland läuft auf Abwerben hinaus. Die Schleswig-Holsteiner versuchen den Hamburgern Industrien abzuwerben, weil es in großen Teilen Schleswig-Holsteins sogenannte Zonenrandsubventionen gibt. Jeder versucht dem anderen etwas abzuwerben – das macht letztlich keinen Sinn. Die wirtschaftliche Entfaltung der Stadt muss vielmehr von den Unternehmern kommen, die hier sitzen. Oder von Unternehmungen, die hier Töchter haben und die Erfahrung machen, dass ihre Tochter in Hamburg besonders gut floriert. Es ist weniger die Aufgabe der Bürgerschaft oder der Behörden, die Stadt zu verkaufen – die sollen auch was tun, sicherlich –, aber vornehmlich ist es die Aufgabe der Unternehmen, und das schließt insbesondere die Dienstleistungsunternehmen ein.

BUHL Es gibt dieses Lied »In Hamburg sind die Nächte lang«. Glauben Sie, dass die Nächte lang sind in Hamburg, dass die Stadt also besonders unterhaltsam ist?

SCHMIDT Die Nächte sind nur für Ausländer lang, die

nach St. Pauli gehen. Und die Ausländer gehen da einmal im Leben hin, es sei denn, es sind Seeleute, die hier für ein paar Tage im Hafen liegen, das ist in Ordnung, Aber das Vergnügungsviertel von St. Pauli, das es so ähnlich in jeder Hafenstadt gibt, das gehört nicht zu den wirklichen Attraktionen.

BUHL Was das Verhältnis zur Kunst angeht, wird Hamburg häufig kritisiert. Man könnte da alle möglichen Dichter zitieren, Ringelnatz hat sich besonders lustig drüber gemacht. Wo sehen Sie Hamburgs Beitrag zur Kunst?

SCHMIDT Ich denke, dass sowohl im Musikleben wie auch auf dem Gebiet des Theaters Hamburg eine Reihe von sehr produktiven und für Europa insgesamt anregenden Phasen erlebt hat. Nun sind Künstler in der Regel nicht bodenständig; keine Bühne, kein Konzertsaal, kein Opernhaus kann sie auf Dauer halten, sondern sie wandern alle paar Jahre, und wenn sie Weltklasse sind, wandern sie möglicherweise jeden zweiten Abend an einen anderen Ort, um dort aufzutreten. Deshalb ist es wichtig, dass eine Stadt eine Atmosphäre hat, von der solche Künstler angezogen werden, in der sie produzieren mögen, das heißt, es muss für sie in dieser Stadt ein Publikum geben. Dieses Publikum hat Hamburg, wenngleich das Publikum hier nicht enthusiastisch ist. In Norddeutschland fließt das Blut etwas träger in den Adern als in südlichen Gefilden. Aber dass es in Hamburg ein solches Publikum gibt, haben wir gesehen in den großen Jahren des Musiktheaters in der Staatsoper unter Günther Rennert und später noch einmal unter Rolf Liebermann. Das haben wir gesehen im Schauspielhaus zur Zeit der Glanzleistungen unter Gustaf Gründgens. Wir haben es gesehen bei Ida Ehre in den Kammerspielen. Wir haben es erlebt mit dem Philharmonischen Orchester des Norddeutschen Rundfunks unter Schmidt-Isserstedt. Und dann gibt es noch ein großes Publikum für das, was man unzulässigerweise herabsetzend Volksschauspiel nennt: Willy Maertens im Thalia-Theater, Heidi Kabel an der Niederdeutschen Bühne, das St. Pauli Theater, Freddy Quinn, für solche Dinge gibt's hier ein Publikum. Es gäbe natürlich auch ein Publikum fürs Musical in Hamburg, wenn's nur einer endlich mal machte.

BUHL Förderlich für die Kunst in Hamburg war immer ein ausgeprägtes Mäzenatentum.

SCHMIDT Es gibt eine große Mäzenatentradition in Hamburg. Die wurde möglich, weil in Hamburg nicht die großen Aktiengesellschaften oder Aktienbanken die führende Rolle spielten, sondern die Kaufleute. Im Wesentlichen ist das hamburgische Mäzenatentum ein Mäzenatentum einzelner, durch eigene Leistung zu Wohlstand gekommener Menschen, die einen wesentlichen Teil ihres Wohlstands dem öffentlichen Wohl zur Verfügung gestellt haben. In unserer Zeit ragen hervor Menschen wie Alfred Toepfer oder Kurt Körber, in früherer Generation Leute wie Edmund Siemers oder Ferdinand Laeisz. Heute gibt es weniger inhabergeführte große Firmen, weil die Kapitalbasis eines Einzelnen normalerweise nicht ausreicht. Andererseits gibt es in Hamburg keine bedeutsamen, mit großem Gewinn arbeitenden Aktiengesellschaften, die für das Mäzenatentum hier eine große Rolle spielen könnten; die Errichtung einer Bosch-Stiftung oder einer Volkswagen-Stiftung oder einer Thyssen-Stiftung in Hamburg ist undenkbar. Trotzdem würde ich es sehr bedauern, wenn die Tradition des Mäzenatentums in Hamburg nicht fortgesetzt würde.

BUHL Hamburg gilt als Medienstadt. Wie ist Hamburg zu diesem Ruf gekommen? Was hat die Rolle Hamburgs als Zentrum der Presse und teilweise auch des Rundfunks und Fernsehens begründet?

SCHMIDT Man kann sagen, es war ein Zufall, dass sich nach dem Krieg so viele große Zeitungs- und Zeitschriftenverlage hier angesiedelt haben, und die haben dann andere nach sich gezogen. Am Anfang standen der Nordwestdeutsche Rundfunk, Springer, Bauer, Gruner und Jahr, Bucerius, der *Spiegel*. Man kann auch umgekehrt sagen, das war kein Zufall, sondern die Liberalität der Atmosphäre hat die Ansiedlung in Hamburg begünstigt. Ich glaube, dass Letzteres – wenngleich unausgesprochen und unbewusst – eine erhebliche Rolle gespielt hat bei denjenigen, die ihren Sitz hier gewählt und von hier aus ihre verlegerische Aktivität ausgeweitet haben. Übrigens war die Liberalität nicht unbegrenzt. Als kurz nach dem Krieg die *ZEIT* gegründet wurde, wollten die gern das Hamburger Wappen in ihre Titelleiste nehmen, und das fand der hamburgische Senat unpassend. Deshalb haben sie das Bremer Wappen genommen, und die Bremer haben das gern gestattet.

BUHL Es gibt offenbar aber noch andere Schwierigkeiten, wenn man bedenkt, dass in Hamburg keine einzige überregionale Tageszeitung produziert wird.

SCHMIDT Hier wurde eine produziert: *Die Welt*. Aber

Die Welt wollte die Rolle eines Praeceptor Germaniae in der deutschen Innenpolitik spielen und ging deshalb nach Bonn. Im Übrigen gibt es nur vier überregionale Tageszeitungen in Deutschland, zwei davon erscheinen in Frankfurt, im wirtschaftsgeographischen Zentrum, was aus technischen Gründen lange Zeit sehr zweckmäßig war. Heutzutage wird eine überregionale Zeitung an mehreren Orten gleichzeitig gedruckt, das ist mit den heutigen elektronischen Kommunikationsmöglichkeiten ein Kinderspiel. In Hamburg gibt es die *ZEIT* und den auf seine Weise keineswegs zu unterschätzenden *Spiegel*, das sind politische Faktoren von großem innenpolitischem Gewicht, und auch der *Stern* hat sein Gewicht. Alles in allem ist der Einfluss, den die in Hamburg beheimateten Medien ausüben, relativ groß.

BUHL Wie würden Sie Hamburg charakterisieren, wenn Sie die Eigenschaften dieser Stadt und ihrer Bewohner in einem Satz zusammenfassen müssten?

SCHMIDT Wenn Not am Mann war, haben die Leute hier angepackt. Da zeigen sich die Vorzüge dieser im Übrigen etwas prüden, relativ langsam reagierenden Temperamente der Norddeutschen und der Hamburger. Im Notfall wird angepackt, und wenn der andere in Not ist, dann wird ihm geholfen. Gemeinschaftliche Anstrengung und Solidarität, das hat hier immer zur Verfügung gestanden, und wenn es gebraucht wurde, war es da. Wolfgang Borchert, dessen Schauspiel *Draußen vor der Tür* kurz nach dem Krieg von Ida Ehre in den Kammerspielen zum ersten Mal aufgeführt wurde, hat diesen Grundzug in einem einzigen Satz komprimiert: »Hamburg – das ist unser Wille zu sein.« Und dies ist eine der mich am meisten bewegenden, attraktivsten Seiten meiner Stadt.

BUHL Eine letzte persönliche Frage, Herr Schmidt. Während Ihrer Zeit als Kanzler galt Hamburg als eine Art heimliche Hauptstadt. Bei Ihnen in Langenhorn gaben sich viele Staatsmänner der Welt die Klinke in die Hand, kann man fast sagen. Nach welchen Kriterien haben Sie Ihre Gäste zu sich nach Hause eingeladen?

SCHMIDT Ja, es waren viele hier, amerikanische Präsidenten, der sowjetische Generalsekretär, der französische Staatspräsident, der König von Spanien. Ich hätte sie wohl nicht in meine Wohnung eingeladen, wenn ich nicht in einem mittelständischen Siedlungsgebiet der Neuen Heimat wohnen würde. Hätte ich an der Elbchaussee gewohnt, in irgendeinem Palais mit großem Park, dann wäre mir das überflüssig erschienen. Solche Villen gibt es überall. Ich habe meine Gesprächspartner deswegen gern nach Langenhorn eingeladen, weil ich stolz darauf war, dass ich – so bilde ich mir ein – ein einfacher Mann geblieben war, ein Mann, der sich zu Hause fühlte in dieser Wohnsiedlung des kleinen Mittelstandes, weil ich stolz war auf meine Stadt und weil ich ein bisschen auch für meine Stadt werben wollte.

Helmut Schmidt überprüft die Einstellung des Kameramannes
Reiner Schäffer (rechts). Links der Regisseur des Films István Bury

EIN MANN UND SEINE STADT
SZENEN AUS EINEM HAMBURG-FILM

Hamburg – Ich liebe diese Stadt mit Wehmut, denn sie schläft, meine Schöne, sie träumt; sie ist eitel mit ihren Tugenden, ohne sie recht zu nutzen; sie genießt den heutigen Tag und scheint den morgigen für selbstverständlich zu halten – sie sonnt sich ein wenig zu selbstgefällig und lässt den lieben Gott einen guten Mann sein.

Ich liebe sie trotzdem, meine Vaterstadt. Ich bin hier nicht nur geboren, sondern ich habe in den 67 Jahren meines Lebens immer meine Wurzeln hier gehabt.

Für mich war Hamburg immer der Punkt, von dem aus ich mir mein Bild von der Welt gemacht habe als junger Mann. Dies ist eine Seehandelsstadt, eine Schifffahrtsstadt, eine Stadt, die den Blick auf die Welt richtet. Und so lernt man hier als junger Mann, seinen Blick auf die Welt zu richten. Noch heute ist es Hamburg, von wo aus ich die Welt betrachte.

Aber natürlich verdient diese Hansestadt durch die zwölfhundert Jahre ihres Lebens nicht nur Lob und Preis, sondern durchaus auch Kritik. Und beides gilt auch für die Gegenwart.

Und Heinrich Heine hat – zwei Generationen früher – sogar von einem »verluderten Kaufmannsnest« gesprochen. Aber die Frage ist: Was gilt nun wirklich für diese Freie und Hansestadt Hamburg?

Die Hamburger gelten als wetterfest, sie gelten auch als kühl und abweisend. Da ist in allen drei Fällen was Richtiges dran.

Thomas Mann hat der Stadt ja Sittensprödigkeit vorgeworfen, aber ich habe den Verdacht, er hat eigentlich nur seine eigene Klasse – das obere Bürgertum – gemeint.

Ich habe eine uneingeschränkte Zuneigung zu meiner Stadt. Doch den kritischen Abstand, den habe ich mir wohl bewahrt.

Natürlich neigt auch Hamburg zum Lokalpatriotismus, sogar zur Selbstüberschätzung – wenn es sich zum Beispiel als »Tor zur Welt« empfindet. »Tor zur Welt«, das ist es bis zum Ersten Weltkrieg einmal gewesen.

Damals, am 23. Mai 1912, lief der Dampfer *Imperator* vom Stapel. In Anwesenheit von Kaiser Wilhelm II. Mit über 50 000 Bruttoregistertonnen war die *Imperator* zu jener Zeit das größte Schiff der Welt; denn die *Titanic*, die bis dahin den Größenrekord gehalten hatte, war einen Monat zuvor gesunken.

Es gibt hamburgische Typen:

Dazu gehört in meiner Generation der Typus des gewerkschaftlich organisierten, sozialdemokratischen Facharbeiters, des Werftarbeiters zum Beispiel. Mancher von ihnen hat es zum Werkmeister gebracht oder zum Ausbilder von im Laufe des Lebens Hunderten von

Lehrlingen oder hat es zum immer wieder gewählten Betriebsrat oder sogar zum Betriebsratsvorsitzenden gebracht.

Dies ist ein Typus, der meine Stadt repräsentiert: ein Mann, der durchaus eine Ahnung hat von der Welt, auch wenn er selbst nicht so viel draußen gewesen ist, der offene Augen und offene Ohren hat.

Auch unter den Prinzipalen – das ist ein Ausdruck, der inzwischen aus der Mode gekommen ist – gibt es immer noch hamburgische Typen: Importeure und Exporteure, Bankiers etwa, Chefs von Fabriken, die Wert legen auf ein gutes Verhältnis zum Betriebsrat, die aber auch darauf achten, in distinguierter Kleidung in die Stadt zu gehen oder in den Übersee-Club.

Solch ein ehrbarer Kaufmann muss natürlich in Blankenese wohnen, an der Elbchaussee oder an der Alster, nämlich dort, wo Hamburg am schönsten ist. Und wenn

er nicht ganz so betucht ist, dann wohnt er vielleicht in Rissen oder in Wohldorf.

Der vornehme Hamburger, der kann natürlich nicht in Langenhorn wohnen – wie ich zum Beispiel – oder in Barmbek oder in Altona. Dort sind die Arbeiter zu Hause und der untere Mittelstand.

Es gibt noch andere Typen, die diese Stadt verkörpern:

Da ist der gediegene Facheinzelhandelskaufmann, am Neuen Wall zum Beispiel oder am Jungfernstieg oder im Hanseviertel oder am Ballindamm, der auf seinem Felde erste Klasse darstellt.

Ich erinnere mich an einen Buchhändler, bei dem man einen Stadtplan von Schanghai kaufen konnte oder einen detaillierten Atlas über einen Teil Australiens oder Tasmaniens oder Neuseelands.

Auch heute gibt es Fachgeschäfte nur für Seekarten oder nur für Schiffsausrüstungen; Läden, die es in dieser Art sonst in keiner anderen Stadt Deutschlands gibt. Geschäfte einer großen, alten Hafenstadt.

Aber es gibt auch Männer vom Schlage Hans Henny Jahnns:

Er war ein Orgelbauer und ein Schriftsteller zugleich. Ein Schriftsteller, der sich besonders als expressionistischer Dramatiker hervorgetan hat. Er hat auch die Orgel in der heutigen Heinrich-Hertz-Schule gebaut.

Früher einmal, als ich dort zur Schule ging, hieß sie Lichtwarkschule. Eine Schule ganz besonderer Art, wo die Musik eine ganz große Rolle gespielt hat und der ich sehr viel verdanke.

Hamburg steht im Ruf, besonders anglophil zu sein. Das heißt, die Hamburger geben sich Mühe, englisch zu sein. Zwar hat der Dichter Friedrich Hebbel behauptet, er sei oft bedroht worden, weil er zu englisch ausgesehen habe; aber in Wirklichkeit ist das Englische an Hamburg nicht zu übersehen.

Hamburgs Seelenverwandtschaft mit England hat vielerlei Wurzeln:

Viele Jahrhunderte ist England ein wichtiger Eckpunkt der Handelsinteressen der Hanseaten gewesen. Das färbt auch heute noch ab: auf die Kleidung, auf die Geisteshaltung. Und es hat auch zum Teil Vorlieben für englische Sportarten erzeugt, wie Rugby zum Beispiel oder Polo. Die Ausrichtung des Handels auf England ging zurück, nachdem Amerika entdeckt worden war. Aber die maritime Verbundenheit mit dem Inselvolk der Engländer ist geblieben.

Dem englischen Vorbild nachempfunden ist zum Beispiel auch das Deutsche Derby, das jeden Sommer in Hamburg-Horn ausgetragen wird.

Auf der Horner Rennbahn treffen sich aber nicht nur die feinen Leute, obwohl die bei dieser Gelegenheit natürlich auch sich zeigen müssen.

Das Derby ist insgesamt aber ein Volksfest; und die sogenannten »kleinen Leute«, die kommen oft mit Kind und Kegel und setzen ein paar Mark auf ihren Favoriten.

Übrigens ist sogar Napoleon mit verantwortlich für die hanseatische Vorliebe für die Engländer. Denn seine Kontinentalsperre – gegen die Britischen Inseln gerichtet –, die ärgerte die Hamburger. Sie störte ihren Handel.

Napoleon hat auch ansonsten in Hamburg sehr schlimme Erinnerungen hinterlassen.

Dies alles hat natürlich abermals die hamburgische Sympathie für England gestärkt.

Selbst Hamburgs größtes Unglück, nämlich die Zerstörung der Stadt im Juli 1943 durch englische Bomber, hat die hamburgische Vorliebe für England nur wenig gedämpft. Die Luftangriffe dauerten vom 24. Juli bis zum 3. August. Bei diesem »Unternehmen Gomorrha« wurden etwa 35 000 Menschen ums Leben gebracht. Zehntausende, Hunderttausende wurden obdachlos.

Die Stadt hat in ihrer über tausendjährigen Geschichte viele Katastrophen erlebt; das begann schon mit den Einfällen der Wikinger.

Aber wenn Not am Mann war, dann haben die Leute hier angepackt. Gemeinschaftliche Anstrengung und Solidarität: Das hat es hier immer gegeben.

Der Hamburger Dichter Wolfgang Borchert hat diese Kraft am besten dargestellt: »Hamburg – das ist unser Wille zu sein.« Seit 1947 – damals mit Hans Quest – gehört sein Stück *Draußen vor der Tür* zum Repertoire von Ida Ehres Hamburger Kammerspielen.

Der Wille zum Überleben, der Wille zum Weitermachen, der half auch damals bei der großen Sturmflut im Winter 1962. Ganz überraschend waren entlang der Nordseeküste und entlang der Elbe viele Deiche gebrochen. Allein in Hamburg kamen mehr als 300 Menschen ums Leben. Überall wurden Rettungsinitiativen aus dem Bo-

den gestampft. Die Menschen warteten ja auf Hilfe und Rettung vor dem eiskalten Wasser.

Die Eingeschlossenen brauchten Lebensmittel, und sie brauchten Trinkwasser. Es gab die Gefahr von Seuchen. Und die Tausende von Obdachlosen mussten untergebracht werden. Die Familien waren auseinandergerissen. Aber man musste auch die Leichen identifizieren. Es gab bei alledem enorm viel spontane Hilfsbereitschaft.

Ich musste in diesen schlimmen Stunden und Tagen der Flutkatastrophe die Hilfseinsätze leiten. Das war nicht einfach. Aber insgesamt haben wir damals doch ganz wesentlich dazu beitragen können, alle miteinander, dass viele Hundert Menschen gerettet worden sind, die sonst jämmerlich ertrunken oder erfroren wären. Die auf den Dächern ihrer Häuser saßen.

Inzwischen hat Hamburg viele Milliarden Mark ausgegeben, um die Deichlinien zu begradigen, um Sperr-

werke zu bauen, Schleusen, Flutmauern zu erhöhen, Kaimauern zu erhöhen. Heute fühlt sich die Stadt sehr viel sicherer gegenüber solchen Sturmfluten als damals.

In den achtziger Jahren des 19. Jahrhunderts mussten große Viertel Hamburgs den Hafenerweiterungen weichen. Hamburg wurde damals an das deutsche Zollinland angeschlossen, zugleich war ihm ein Zollfreihafen zugestanden worden. Und im Freihafen brauchte man viele Speicher für Kaffee oder für Tee oder für Rosinen.

Die neuen Häfen konnten natürlich nicht auf der Geest angelegt werden, sondern die mussten am Wasser liegen.

An der Stelle des alten Gängeviertels, das ich noch gekannt habe, stehen heute das Chilehaus und der Sprinkenhof. Sie sind Zeugnisse der Hamburger Backsteinarchitektur von Fritz Schumacher oder Fritz Höger, die dem Städtebau in den zwanziger Jahren nachhaltige Impulse verliehen haben.

Die wenigen großen, bedeutenden Bauten der Vergangenheit, die die Hamburger in ihren Mauern aufzuweisen hatten, haben sie gepflegt. Die alten Kirchen zum Beispiel: St. Jacobi, St. Petri, St. Katharinen. Einige waren abgebrannt, andere im Kriege zerstört. Aber die Hamburger haben sie wieder aufgebaut. Vor allem den Michel. Ein Wahrzeichen, wenn nicht das Wahrzeichen der Hansestadt.

Die innerstädtischen Wasserstraßen, die in Hamburg »Fleet« genannt werden, sind Zeugnisse der Vergangenheit. Früher fuhren die Schiffe in die Fleete hinein, legten unter den Kaufmannshäusern an, und dann wurden die Säcke mit der Winde aus den Schiffen raus und oben in die Speicher geholt.

Immer noch gibt es Boote und Schiffe, die auf den Fleeten und auf den Kanälen verkehren. Und die Schwäne haben hier ihr Zuhause.

Die Fleete könnten an Venedig oder an Amsterdam erinnern; aber romantisch waren sie eigentlich nie, denn sie haben früher zugleich als Abwassersiel und als Kloake gedient, und zugleich haben die Hamburger Trinkwasser rausgeholt und sogar das Wasser für die Brauereien. Das waren unhaltbare Zustände. Die Cholera-Epidemie der 1890er Jahre hat hier ihre Ursache.

Nach dem Zweiten Weltkrieg kam es in dieser zu zwei Dritteln zerstörten Stadt erst einmal darauf an, Hunderttausenden von Menschen ein Dach über dem Kopf zu schaffen. Der Bürgermeister Max Brauer musste erst einmal die größte Wohnungsnot lindern. Zwar wird heute die gemeinnützige Wohnungswirtschaft oft kritisiert – nicht immer zu Unrecht –, aber damals wäre es ohne sie nicht gegangen. Es gab und gibt in Hamburg viele gemeinnützige Wohnungsunternehmen, nicht nur die »Neue Heimat«.

Alles in allem ist Hamburg heute eine sehr ansehnliche Stadt. Am schönsten ist es natürlich rund um die Alster: die Binnenalster – umstanden mit sechsstöckigen, repräsentativen Kontorhäusern und Hotels und Geschäftshäusern und Bäumen, die Außenalster – umgeben von sehr viel Grün. Sie ermöglicht eine Weite des

Blicks, wie man ihn nur selten im Zentrum einer Großstadt findet. Auch anderswo in dieser Stadt gibt es viel
Grün, große und kleine Parks und Tausende von Stra-
ßenbäumen.

Wir Hamburger sind natürlich auch Lokalpatrioten. In
unserem Hanseatentum steckt ein gewisser Stolz auf
die Schönheit, auf den Geist und auf die Geschichte der
Stadt. Unser Lokalpatriotismus verdrängt allerdings
die geschichtliche Tatsache, dass Hamburg zur Zeit der
alten Hanse zwar eine ordentliche, aber keineswegs die
größte Rolle gespielt hat. Diese Rolle hat vielmehr Lübeck gespielt. Lübeck war im Mittelalter als Hansestadt
durchaus von größerer Bedeutung als Hamburg.

Der Geist der Hanse hat Hamburg nachhaltig geprägt:
Menschen aus aller Welt konnten sich hier immer heimisch fühlen. Die Engländer natürlich auch, deren Kir-

che heute noch hier steht. Die Juden sind in Hamburg immer akzeptiert worden – bis die Nazis kamen.

Die Weltoffenheit gilt auch heute; zum Beispiel gibt es in Hamburg mehr ausländische Konsulate als in jeder anderen Stadt der Welt – vielleicht außer New York. Es sind insgesamt 76 Konsulate, und seit neuestem ist auch ein chinesisches Handelszentrum hier angesiedelt.

Weil sie hier Geschäfte machen können, kommen ausländische Kaufleute oder auch Handelsdelegationen aus der ganzen Welt hierher.

Natürlich spricht man englisch miteinander.

Allerdings hat die hanseatische Liberalität nicht immer den Herausforderungen wirklich standgehalten. Hitler und die Nazis haben auch hier allzu viele Menschen verführt. Vielleicht ging es während der Nazi-Zeit in Hamburg ein wenig zivilisierter zu als anderswo. Dem damaligen Gauleiter Kaufmann wird zum Beispiel nachgesagt, er sei etwas menschlicher gewesen als andere Führer der NSDAP. Schließlich hat er die Stadt auch – befehlswidrig – kampflos an die Engländer übergeben.

Aber der Nazi-Terror hat in Hamburg doch die gleiche Blutspur hinterlassen wie überall sonst im Dritten Reich: 8000 Juden, die aus Hamburg stammten, sind während der nationalsozialistischen Diktatur umgebracht worden oder umgekommen. Der Name »Neuengamme« erinnert an diese Schreckensherrschaft.

Das KZ Neuengamme war ein sogenanntes Stammlager. Von 106 000 Menschen, die hier durchgeschleust wurden, sind 55 000 Menschen umgekommen, zum Teil hier, zum Teil außerhalb. 7000 von ihnen starben auf den Schiffen *Cap Arcona* und *Thielbek* noch am 3. Mai 1945, als diese Schiffe bombardiert und versenkt wurden.

Nach dem Kriege wollten Senat und Bürgerschaft vor allem den Hafen wieder aufbauen. Doch wegen der Teilung Deutschlands und Europas ist Hamburg an den Rand geraten, und sein Hafen hat deshalb die alte Bedeutung nicht wiedererlangen können. Es fehlten die ungehinderten Handelsströme nach Ost- und Mitteldeutschland, nach Ungarn und zur Tschechoslowakei.

Bald wurde erkannt, dass vom Hafen allein auf die Dauer nicht zwei Millionen Hamburger Arbeit und Auskommen finden konnten. Deshalb hat man im Rathaus auf die Entwicklung der Industrie gesetzt.

Zwar floriert der Handel mit Rohstoffen aus aller Welt immer noch. Zwar kommen hier noch immer die Güter aus aller Welt an – Kaffee, Kakao, Kautschuk –, und immer noch gibt es Teeproben oder Kaffeeproben. Für die Zukunft ist Hamburg aber vor allem ein hervorragender Standort für Dienstleistungen:

Die City-Nord zeigt, wie man Dienstleistungsunternehmen ansiedeln kann: Banken, Versicherungen, Wirtschaftsprüfung, rechtliche Beratung, Konstruktion und Entwicklung. – Das alles wird sich hier noch größer entfalten können und müssen, wenn die Hamburger nicht schlafen.

Die Hamburger Politik ist in den vergangenen Jahren mehrfach ins Blickfeld der Kritik geraten. Vor allem

natürlich die Regierungspartei, die Hamburger SPD. Sie ist wegen ihrer inneren Auseinandersetzungen oft gescholten worden, übrigens auch von mir. Aber die hamburgische Verfassung macht den Bürgermeistern das Regieren nicht leicht. Die Verfassung will eben nicht, dass der Bürgermeister die Richtlinien der Politik bestimmt.

Hinzu kommt, dass das Landesparlament heute auch in der Verwaltung eine zu große Rolle spielt. Die politischen Parteien und ihre Spitzenfunktionäre können sehr viel Einfluss ausüben. Und deshalb haben es der Senat und vor allem der Bürgermeister nicht leicht, sich durchzusetzen.

Hamburg ist nicht nur sehr wohlhabend, es ist auch attraktiv. Aber eigentlich nur in den sechs Sommermonaten. Im Winterhalbjahr gibt es hier viel Regen und auch

Nebel. Aber vielleicht kommt uns das Wetter auch nur so schlecht vor, denn 720 Millimeter Regen im Jahr ist so schlimm auch wieder nicht.

Vom Fremdenverkehr allein kann die Stadt natürlich nicht leben. Ein Vergnügungsviertel wie St. Pauli muss es zwangsläufig in jeder Hafenstadt der Welt geben. Aber es gehört nicht zu den wirklichen Attraktionen der Stadt. Immerhin haben hier auf St. Pauli die Beatles Anfang der sechziger Jahre Aufsehen erregt, im *Star-Club* begann ihre Weltkarriere.

Hamburg und die Kunst – das ist ein schwieriges Kapitel. Joachim Ringelnatz hat einmal geschrieben:

Hier bunte Ratsherrn flatternd um die Masten,
dort steife Flaggen, die zur Börse hasten,
und steife Grogs, Qualm, Tabak, Nebeldunst.
Du fragst nach Kunst?
Ach Himmel, Himmel – Kunst?

In Hamburg haben viele Musiker gelebt:

Felix Mendelssohn Bartholdy, der hier geboren ist.

Johannes Brahms, der es hier nicht ganz leicht hatte.

Johann Sebastian Bach, der eine Kantorstelle in Hamburg erstrebte und nicht bekam.

Georg Philipp Telemann, der hier vierzig Jahre wirkte.

Oder Georg Friedrich Händel, der nur kurz hier war und dann nach London ging.

Hamburg hat eine jahrhundertelange Operntradition. Auch in der Gegenwart haben große Intendanten unsere Oper vorangebracht, wie Günther Rennert zum

Beispiel. Gleichzeitig hat Hans Schmidt-Isserstedt das Orchester des Norddeutschen Rundfunks zum Begriff gemacht.

In der Ära des Opernintendanten Rolf Liebermann sind viele Größen der Musikwelt in die Hansestadt gekommen, Igor Strawinsky zum Beispiel. Nach einigen Jahren an der Pariser Oper ist Liebermann später nach Hamburg zurückgekehrt, und die Staatsoper glänzt heute wiederum mit großartigen Inszenierungen.

Unvergessen sind die Zeiten, in denen Gustaf Gründgens am Deutschen Schauspielhaus wirkte. Sein *Faust* ist längst Legende. Unter Gründgens hat das Hamburger Theater wahrscheinlich seine größte Zeit nach dem Zweiten Weltkrieg erlebt, und es gibt nicht wenige, die sich seiner Ägide mit Wehmut erinnern.

Auch im Thalia Theater gab es und gibt es großes Theater. Häufig leichter und beschwingter als im Schauspielhaus, meistens interessant. Besonders zu den Zeiten des Intendanten Willy Maertens und zu Zeiten von Boy Gobert, der kürzlich verstorben ist. Er war ein großer Schauspieler und ein sehr erfolgreicher Intendant.

Die Hamburger schätzen auch die Mundart-Bühnen, wie das Ohnsorg-Theater zum Beispiel, und Schauspielerinnen wie Heidi Kabel gehören einfach nach Hamburg.

Und die vielen anderen Privattheater. Ida Ehre ist nicht nur eine wunderbare Schauspielerin; sie ist trotz ihres hohen Alters zugleich die hoch respektierte Prinzipalin der Kammerspiele. Friedrich Schütter leitet mit großem Erfolg das Ernst-Deutsch-Theater.

Und dann das Ballett der Hamburger Staatsoper. John Neumeier hat es weltweit zu einem Begriff gemacht. Die Leute hier mögen nicht immer enthusiastisch sein, denn in Norddeutschland fließt nun einmal das Blut etwas träger als in südlicheren Gefilden. Aber wenn Neumeiers Ballett tanzt, dann gibt es immer ein sehr interessiertes und ein sehr fachkundiges Publikum.

Hamburg hat eine ausgeprägte Tradition des Mäzenatentums. Gegenwärtig zählen der Industrielle Kurt Körber und der Getreidekaufmann Alfred Toepfer zu den großzügigen privaten Mäzenen in Hamburg. Beide haben eine Vielzahl an Stiftungen und Preisen ins Leben gerufen.

Alfred Toepfer stiftete hoch dotierte Preise, unter anderem für beispielhafte Sozialarbeit und für die Stärkung des Europagedankens. Vor allem aber trug er mit vielen Millionen Mark zur Erhaltung der Lüneburger Heide bei.

Kurt Körber förderte mit viel Geld unter anderem das Geschichtsbewusstsein deutscher Schüler. Er hat einen Liebermann-Preis für Opernkomponisten ausgeschrieben, und er finanziert ein Austauschprogramm für junge amerikanische und deutsche Arbeitnehmer. Sein Förderpreis für die europäische Wissenschaft allein ist mit zwei Millionen Mark dotiert.

Schläft sie, meine Schöne?

Träumt sie?

Eine Schöne ist Hamburg immer noch – und wird es bleiben. Eine schöne Stadt. Nicht nur wegen der beiden Alsterbecken.

Auch wegen des vielen Grüns, wegen der vielen öffentlichen Parks, wegen der frischen Luft und wegen des Seewindes. Auch wegen der vielen neuen eleganten Einkaufspassagen, die es so in keiner anderen Stadt gibt.

Hamburg hat viele Reize, und es bietet viele Annehmlichkeiten.

Mit einem Wort: Es lässt sich hier gut leben!

Es gibt auch durchaus Ansätze für eine kräftige wirtschaftliche Zukunft:

Nicht nur in Bayern und Baden-Württemberg werden Mikrochips produziert, auch hier. Mit der Technischen Universität entsteht ein neues Forschungszentrum. Viele neue kleinere innovative Firmen wachsen heran und beweisen: Auf dem Gebiet der neuen Technologien tut sich was in Hamburg.

Der Elektronenbeschleuniger DESY zählt zu den technologischen Attraktionen der Stadt. Desy ist ein Forschungszentrum, das in der Welt seinesgleichen sucht und das von Wissenschaftlern der ganzen Welt benutzt wird.

In Finkenwerder wird ein Teil des »Airbus« gebaut, des erfolgreichen gemeinsamen europäischen Flugzeugs, das inzwischen in aller Welt fliegt.

Dazu kommt die Wartungswerft der Lufthansa in Fuhlsbüttel, die übrigens auch Flugzeuge anderer Linien instand setzt.

Es ist also nicht so, dass Hamburg nur vom Hafen oder nur von den alten Industrien lebt. Die wirtschaftliche Struktur der Stadt verändert sich, sie wird moder-

ner, zwar anfangs langsam, aber inzwischen doch stetig und mit ansteigendem Tempo.

Man kann heute nicht mehr sagen, dass Hamburg schläft. Die Stadt ist aufgewacht. Sie hat ihre eigenen Versäumnisse verstanden. Sie ist selbstkritisch geworden. Sie arbeitet an ihrer Zukunft.

IV STREIFZÜGE DURCH DIE STADT

SUBJEKTIVE LISTE DER ZEHN WICHTIGSTEN
HAMBURGISCHEN PHÄNOMENE

1. Von Anfang Mai bis Ende September ist die grüne
   Stadt rund um die Außenalster schöner als die allermeisten Metropolen der Welt.

2. Im Winterhalbjahr gibt es hier genauso viel Nebel
   und Regen wie in London, aber das Hamburger
   Wetter ist längst nicht so berühmt.

3. Die Übertreibungen der hamburgischen Eingebore-
   nen liegen in ihren Untertreibungen.

4. Das Tor im Hamburger Wappen ist verschlossen;
   aber die kühle Reserviertheit der Hamburger ist
   eine Tugend, weil sie ihre Sentimentalität verdeckt.

5. Die Reichen und die Erfolgreichen gelten hier weniger als die Soliden und die Erprobten.

6. Wer sich ein Haus an der Elbchaussee kaufen konnte, ist deshalb noch kein Hamburger geworden;
   wohl aber ist einer aus Barmbek ein Hamburger, der

denen an der Elbchaussee ihr kostbares Domizil nicht neidet.

7. Die Hamburger leben und lassen leben.

8. Kleinlich sind die Hamburger nur gegenüber Bremen – und das zu Unrecht.

9. Nachlässig sind die Hamburger gegenüber der Hauptstadt – und die Rechtfertigung dafür ist zweifelhaft.

10. Gegenüber den Weltmächten ist Hamburg gelassen, weil man hierzulande weiß, dass man sie nicht ändern kann.

ERINNERUNGEN AN BARMBEK

Antworten auf Fragen des Hamburger Abendblatts, *erschienen am 30. April 1974 in der Serie* Stadtteil-Portraits

Welches waren in Ihrer Jugend die markantesten Barmbeker Charakteristika, und welche bestehen davon heute noch?

Meine Eltern wohnten seit Ende des Ersten Weltkriegs in der Richardstraße; meiner Erinnerung nach müssen wir etwa 1932 von dort nach Eilbek in die Schellingstraße gezogen sein. Barmbek war damals ein Arbeiterviertel. Die Richardstraße, ebenso die Wagnerstraße, war etwas aufwendiger gebaut als der eng besiedelte Komplex zwischen Bahnhof Mundsburg, Barmbeker Bahnhof, Osterbekkanal und Eilbekkanal. In den sogenannten »Terrassen« – das waren in Wahrheit Hinterhofhäuser – gab es vielfach in den Wohnungen keine eigenen Toiletten.

Bei meinen Großeltern in der Kufnerstraße gab es stattdessen hölzerne Abortgebäude hinter den Häusern.

Die Hamburger Straße war ein großer, volkreicher Einkaufsboulevard mit billigen Geschäften. Dort kauften wir Gemüse und Fleisch; die Milch aber in der Wagnerstraße; die Margarine war am billigsten in der Elsastraße (»Grasgold« für 42 Pfennig das Pfund); Fische kaufte man von der Karre.

In den Hinterhofgebäuden gab es viele kleinere Fabriken. Die meisten Arbeiter fuhren aber zur Arbeit in den Hafen – entweder von den vier Hochbahnhaltestellen Mundsburg, Wagnerstraße, Dehnhaide und Barmbek oder mit den Straßenbahnlinien 6 und 7, die entlang der Hamburger Straße fuhren; zur S-Bahn liefen wir bis zum Bahnhof Landwehr. Aber Wege (auch Schulwege) bis zu etwa einer Dreiviertelstunde Dauer wurden in aller Regel zu Fuß gemacht.

Eilbek, die Uhlenhorst und Winterhude galten bei uns als »vornehme« Stadtteile, denen gegenüber wir Barmbeker Jungs so etwas wie einen trotzigen Stolz hatten. Im Übrigen gab es Kloppereien natürlich auch zwischen den verschiedenen Straßen innerhalb des Barmbeker Bereichs, so zum Beispiel zwischen der Richardstraße und dem Holsteinischen Kamp. Meist entstand der Streit beim Bolzen auf dem Sportplatz am Klinikweg.

Ich glaube nicht, dass der in den letzten beiden Jahrzehnten vor dem Ersten Weltkriege entstandene Stadtteil Barmbek sich sonderlich von Eimsbüttel unterschied – wenngleich Eimsbüttel für uns Kinder genauso weit weg war wie Australien, nämlich unerreichbar weit. Es gab eine große Anhänglichkeit an Barmbek. Meine väterlichen Großeltern – Opa war Hafenarbeiter – sind in ihrem Leben viele Male umgezogen, immer mit der »Schott'schen Karre«, aber immer innerhalb Barmbeks.

Haben Sie gern in Barmbek gelebt und wenn ja – warum?

Ja – weil es meine Kinderheimat war.

Welches sind Ihres Erachtens die entscheidenden Unterschiede zwischen dem Vorkriegs-Barmbek und dem Nachkriegs-Barmbek?

Von den alten Häusern steht fast gar nichts mehr – es sei denn östlich des Barmbeker Bahnhofes. Dorthin – nach Barmbek-Nord – hat sich durch den Neubau nach dem Zweiten Weltkrieg auch der Barmbeker Schwerpunkt verschoben. Die Einkaufsstraßen-Funktion der Hamburger Straße ging in den späten vierziger und anfangs der fünfziger Jahre auf »die Fuhle« (Fuhlsbütteler Straße) über. Der Bereich der Hamburger Straße wurde beim Wiederaufbau der Stadt wegen Grundstücksstreitigkeiten unsinnigerweise bis in die sechziger Jahre vernachlässigt, selbst heute gibt es zum Beispiel im Bereich der Rönnhaide und der Elsastraße noch unbebaute, allerdings abgeräumte Trümmergrundstücke.

Alles, was nach 1948 gebaut worden ist, unterscheidet sich durch Bauweise, Ausstattung und Komfort um Klassen vom früheren Barmbeker Standard. Das gilt für den sozialen Wohnungsbau, für Geschäfte und Schulen gleicherweise. Ebenso ist die Einwohnerdichte auf einen Bruchteil gesunken. Man kann das Barmbek, wie es zwischen den beiden Kriegen gewesen ist, nur noch mit Mühe wiederfinden. Das heutige Barmbek kennt infolgedessen auch kaum Lokalkolorit und Lokalstolz.

Welchen Eindruck haben Sie vom heutigen Barmbek?

Ich habe in den Fünfzigern einige Jahre in Barmbek-Nord am Schwalbenplatz gewohnt und mich dort sehr wohlgefühlt – es gab viel Luft und Freiräume, es gab die großartige Fuhle und sehr gute Verkehrsverbindungen; dazu kam der Stadtpark. Vor allem aber war es mein Wahlkreis.

Glauben Sie, dass Klischeevorstellungen von Barmbek, die sich in Begriffen wie »Barmbek-Basch« und »Barmbeker Brit« niederschlagen, heute noch eine Berechtigung haben?

Nein. Ich glaube, diese beiden »Ökelnamen« haben auch vor 1939 und ebenso vor 1914 keine wirkliche Berechtigung gehabt – wenngleich die Barmbeker Jungs durchaus stolz auf diese Beinamen gewesen sind. Wahrscheinlich drückte sich in ihnen lediglich ein soziales Überlegenheitsbewusstsein der Anwohner der benachbarten »besseren« Wohnbezirke aus.

BEI UNS IN LANGENHORN

*Eine Anfrage des SPD-Distrikts Langenhorn-Süd
beantwortete Helmut Schmidt im November 1984*

Es ist richtig: Ich fühle mich durchaus als Langenhorner,
denn hier leben meine Frau und ich seit beinahe einem
Vierteljahrhundert. Aber außerdem haben wir früher in
Barmbek gewohnt, in Eilbek, in Neugraben, in Othmarschen, wieder in Barmbek, wieder in Othmarschen –
insgesamt haben Kriegs- und Nachkriegszeitläufte uns
zu vielerlei Wohnungswechseln gezwungen. Wir haben
dabei fast die ganze Stadt kennengelernt (dazu gehört
auch mein Wahlkreis in Bergedorf, Hamm, Horn, Billstedt und in den Vierlanden) und fühlen uns eigentlich
mehr als Hamburger denn als Langenhorner. Zwar sind
die einzelnen Teile der Stadt nach wie vor verschieden;
aber die Unterschiede waren vor dem Kriege sehr viel
größer!

Nach Eimsbüttel oder Blankenese oder Wittenbergen
sind wir in meiner ganzen Jugendzeit nur wenige Male
gekommen. Die anderen teuren Gegenden rund um die

Außenalster haben wir auch nicht kennengelernt. Krieg, Bombenkatastrophe, der Zuzug vieler Flüchtlinge und der soziale Wohnungsbau haben viele der alten Unterschiede eingeebnet.

Am Neubergerweg sind Staatsoberhäupter und Regierungschefs aus dem Westen wie aus dem Osten zu Besuch gewesen. Jeder Besuch war für mich eine Freude; dabei hat auch der Stolz eine Rolle gespielt, den ausländischen Gästen mein durch den Reihenhausbau der Neuen Heimat gekennzeichnetes Wohnviertel zu zeigen. Manche von ihnen waren zu Hause Paläste gewohnt, wie König Juan Carlos von Spanien, andere, wie Edward Gierek, waren in Arbeiterwohnungen in einem Bergbaurevier aufgewachsen.

Der engste Freund war der französische Staatspräsident Giscard d'Estaing; wir haben zusammen am Neubergerweg in Langenhorn das europäische Währungssystem ausgeknobelt. Besonders stolz war ich, als ich dem Generalsekretär Breschnew und seinem Außenminister Gromyko zeigen konnte, wie in Hamburg der Mittelstand wohnt und lebt. Breschnew wollte nicht recht glauben, dass die Siedlung überwiegend von kleinen Leuten bewohnt wird; ihm kam das alles sehr luxuriös vor.

Einen kleinen Wunsch habe ich an meine Langenhorner Mitbürger: Seit vielen Jahren sammle ich an jedem Wochenende das Papier und die leeren Cola-Dosen auf, die auf dem Bürgersteig vor meinem Garten weggeworfen wurden. Wenn jeder von uns dies täte, wäre Langenhorn noch ein bisschen sauberer.

DER MICHEL

Der Artikel erschien am 16. August 1985 in der ZEIT

Hamburgs Innenstadt wird von den Türmen des Rathauses und der fünf Hauptkirchen bekrönt. Der statt-
lichste und wohl auch charaktervollste ist der 132 Meter
hohe Turm von St. Michaelis.

Der Standort dieses Turms mit dem Blick über den
Welthafen, oben auf dem Geestrücken und hart am Rande der Elbniederung, steigert in den Augen des Betrach-
ters die Vorstellung seiner Höhe noch zusätzlich.

Dieser Turm beruht auf den Entwürfen und Plänen
des Baumeisters Ernst Georg Sonnin (1713–1794), der
sein Konzept 1764 vorgelegt hat. Er ist schon bald nach
seiner Errichtung zu einem Wahrzeichen Hamburgs
geworden. Zu diesem Ehrentitel, den keine Obrigkeit,
wohl jedoch der Volksmund verliehen hat, kam es aus
mancherlei Gründen. Der Erste dieser Gründe lag darin,
dass der Michaelisturm von den seefahrenden Hamburgern und von den Fahrensmännern aus aller Welt, von
einem Tag zum andern und völlig absichtslos, als hilf-

reiches und willkommenes Seezeichen angenommen worden ist; es bedurfte dazu keiner Weisung der hamburgischen Admiralität.

Die Navigation ist Sache des Kapitäns, seiner Schiffsoffiziere und schließlich seiner Steuerleute. Doch jedermann an Bord blickt auf den Michel – gleich ob Passagier oder ob auf Wache oder Freiwache. Der Michel, am Ende der Seewasserstraße, ist ein Seezeichen von Prominenz. Für die Hamburger ist sein Anblick zugleich ein Signal: Ich bin wieder zu Hause! Zwar kommen heute die Hamburger nur noch selten zu Schiff aus Übersee. Aber wenn sie heute mit der Eisenbahn oder mit dem Auto aus dem Süden unseres Landes kommend sich dem Urstromtal der Elbe nähern, dann ragt jenseits der Niederung der Michel über dem Häusermeer empor, sobald sie auf der Autobahn die Harburger Berge verlassen – und der Michel sagt ihnen: Ihr seid wieder zu Hause! Deshalb haben wir Hamburger unseren Michel immer geliebt – mehr noch als die Kirche, deren Teil er ist.

Zu dieser Zuneigung hat das wechselvolle Schicksal des Turmes beigetragen. Hamburg hat im Lauf der letzten beiden Jahrhunderte vielerlei Unglück erlitten und überwunden. Der Michel aber ist über die Generationen hinweg ein Symbol der Lebenskraft, des Lebenswillens und der Eigenständigkeit Hamburgs geworden – und geblieben.

In den Vorstellungen, die meine Eltern mir als Kind weitergegeben haben, waren es vier große Katastrophen gewesen, die Hamburg heimgesucht hatten. Da hatte zunächst, während der sogenannten Franzosenzeit, der französische Marschall Davout 1813 die Vorstädte

St. Georg und St. Pauli abbrennen lassen, um sich Glacis und Schussfeld für seine Kanonen zur Verteidigung Hamburgs gegen die russischen Befreier zu verschaffen. Sodann hatte es 1842 den großen Hamburger Brand gegeben, der die Hälfte der damaligen Innenstadt in Schutt und Asche legte. Zu jener Zeit, der Zeit meiner Urgroßeltern, war Hamburg die größte und wirtschaftlich bedeutendste Stadt Deutschlands. Die meisten ihrer Gebäude gingen verloren – nicht jedoch der Michel.

Die Hamburger bauten ihre Stadt schnell wieder auf. Dann kam 1892 – zur Zeit meiner Großeltern, meine eigenen Eltern waren noch Kinder – die Cholera. Zwar litten die Gebäude keinen Schaden, aber die Menschen starben zu Tausenden. Anschließend wurden die Ursachen, nämlich die leichtfertig geduldeten, miserablen hygienischen Verhältnisse, mit Tatkraft saniert. Wenige Jahre später brannte 1906 die Michaeliskirche ab. Meine Eltern haben davon stets sehr dramatisch erzählt, ebenso wie meine Großeltern dramatisch von der Cholera sprachen.

In der Volksschule an der Wallstraße hat in den zwanziger Jahren mein Klassenlehrer Schröder von unserer Stadt gerne als vom Vogel Phoenix gesprochen, der sich aus der Asche erhob – in seiner Vorstellung war Hamburg viele Male dem Phönix vergleichbar gewesen. Und es sind weitere Katastrophen hinzugekommen: der Altonaer Blutsonntag im Sommer 1932; der Zusammenbruch des Welthandels in den Jahren der Weltwirtschaftskrise und die daraus resultierende hohe Dauerarbeitslosigkeit in der Welthandels- und Weltstadt; die Nazi-Zeit und ihre Scheußlichkeiten, die den meisten Hamburgern erst nach Kriegsende richtig bekannt und bewusst geworden sind. Schließlich der Zweite Weltkrieg selbst, der für die Hamburger im Juli 1943 kulminierte, weil er die Stadt in »die Katastrophe« führte.

Damals kamen innerhalb einer einzigen Woche schätzungsweise 35 000 Hamburger zu Tode. Die Hälfte aller Wohnungen brannte ab, viele Kirchen und öffentliche Gebäude desgleichen, auch die Hauptkirchen St. Nikolai, St. Jacobi und St. Katharinen – die wiederaufgebaute Michaeliskirche erlitt erneut schweren Schaden. Heute ist der damalige Ausdruck »die Katastrophe« nicht mehr geläufig. Er ist auch durch die Erinnerung an die Flutkatastrophe von 1962 verdrängt worden. Die Sturmflut kostete rund dreihundert Menschenleben; aber sie kann bei allem Unglück weder mit dem tausendfachen Elend von Neuengamme noch mit der vernichtenden Bombenkatastrophe verglichen werden.

Gleichwohl, mein Volksschullehrer hat recht behalten mit seinem Vergleich. Denn jedes Mal haben die Hamburger aufs Neue begonnen; sie haben wiederaufgebaut und neu gebaut. Sie haben auch geistige und geistliche Erneuerung bewirkt, nicht bloß den physischen Wiederaufbau. Dieser war gleichsam selbstverständlich – der geistige Neubau war schwieriger, er ist auch noch keineswegs vollendet.

Der Wiederaufbau der Michaeliskirche nach 1906 und ihre Wiederherstellung nach 1945 gehörten eher zu den Selbstverständlichkeiten. Denn Hamburg wäre ohne den Michel nicht Hamburg geblieben. Ich bin in Barmbek und in Eilbek aufgewachsen. Für uns Kinder war die Michaeliskirche sehr weit weg; man sah sie während der Kindheit nur wenige Male – und eigentlich auch nur den Turm, von fern über die Außenalster hinweg.

Trotzdem spielte der Michel in unserem Bewusstsein eine Rolle. Meine Mutter hatte als junges Mädchen unter dem Organisten Alfred Sittard im Michaelis-Kirchenchor gesungen; der Michel kam deshalb in Erzählungen zu Hause häufig vor. Man sah ihn auf Bildern, etwa in der Kupfertiefdruck-Beilage des *Hamburger Fremdenblattes*, das mein Vater abonniert hatte. Und meine Großmutter besaß eine Ansichtspostkarte mit dem brennenden Michel, aus der Sicht über den Zeughausmarkt.

Als ich später einmal zu einem Konzert mitgenommen wurde, war ich von der barocken Pracht im Schiff der Michaeliskirche überwältigt. Ich fühlte mich aber von der Architektur nicht sehr angezogen; denn ich hatte auf einer Reise der Schulklasse die Marienkirche zu Lübeck und den Lübecker Dom besucht, und die Backsteingotik erschien mir in meinem kindlichen Gemüt als einzig mögliche Verkörperung von Kirchen. Später habe ich die Bischöfe Simon Schöffel, Karl Witte und Hans-Otto Wölber in der Michaeliskirche erlebt und habe als Senator mehrfach auf dem Senatsgestühl gesessen.

Völlig vertraut ist mir die Michaeliskirche erst durch die Konzerte geworden. Die Aufführung von Thomas Selles Kantate *Nun lob', mein Seel, den Herren* für Soli, Orchester und drei Chöre, auf die drei Emporen verteilt, bleibt mir unvergesslich. Hier wurden alle Möglichkeiten dieses Kirchenraumes ausgeschöpft. Höhepunkt aller kirchenmusikalischen Erlebnisse war die Bachfeier am 21. März 1985. Die Kirche, voller Menschen, war über und über mit Blumen geschmückt. Rechts und links des Altars standen zwei große Birken in zartem Grün. Die Bach'sche Musik, der prächtige Kirchenraum und die Menschen stimmten überein. Das Vaterunser wurde nicht gesprochen, aber es war gegenwärtig – auch durch Johann Sebastians »Soli Deo Gloria«.

Man kann den Turm der Michaeliskirche besteigen. Ehe es das Flugzeug oder den Fernsehturm gab, war dies die einzige Möglichkeit, Hamburg von oben zu betrachten. Viele Schulkinder, viele Fremde, haben erst dadurch ein vollständiges Bild gewonnen von der großen Stadt am großen Strom. Als der alte Michel 1906 abbrannte, blieb das untere Drittel des Turmes als Stumpf stehen, weil es – im Gegensatz zu der kupferbedeckten Holzkonstruktion der Spitze – aus Backstein gemauert war. Von der Treppe aus wird Schulkindern heute gezeigt, wo das Mauerwerk des Wiederaufbaus beginnt.

Wenn Wunden heilen, ist es gut, dass Narben sichtbar bleiben. Man soll sich, bei aller Vitalität der Gegenwart, der Wunden und der Katastrophen bewusst bleiben – und des menschlichen Versagens. Aus dem Schaden der Vergangenheit können wir klüger werden für die Zukunft. Auch in Zukunft wird der Michel ein Sinnbild meiner Stadt sein. Er wird bleiben, was er für Millionen Hamburger in allen Generationen gewesen ist: Wahrzeichen, Seezeichen in einer stürmischen Welt. Deshalb haben viele Hamburger Geld gegeben, wenn es darum ging, den Michel wiederherzustellen: kleine und große Beträge, namentliche und anonyme Spenden. Die große Liebe zu diesem Kirchturm und die Opferbereitschaft haben sich als einander würdig erwiesen.

ERÖFFNUNG DES ELBTUNNELS
IN HAMBURG

Rede des damaligen Bundeskanzlers Schmidt
am 10. Januar 1975

Zunächst sehr herzlichen Dank für die Einladung zu diesem erfreulichen Ereignis. Vielleicht darf ich diesen Dank an die Adresse des Hamburger Senats und an die Adresse des Bundesministers für Verkehr auch im Namen aller Übrigen sagen, die heute Morgen hier eingeladen worden sind, besonders im Namen der Veteranen, die damals in den Jahren zwischen 1906 und 1911 den ersten Elbtunnel zwischen Steinwerder und St. Pauli gebaut haben und die heute hier unter uns sind.

Dieser erste Elbtunnel damals vor 60 Jahren war eine ganz große technische Leistung. Heute reicht er nicht mehr aus und ist im Wesentlichen zu einem Fußgängertunnel geworden. Aber schon damals, von Anfang an, haben ihn jeden Tag Tausende Menschen zu Fuß benutzt, die am Kai oder auf den Werften gearbeitet haben. Ein Großvater von mir war Schauermann, die längste

Zeit seines Lebens war er im Hafen beschäftigt gewesen. Er hat uns Jungs ganz bannige Geschichten erzählt, von der Schifffahrt und vom Hafen und von den Sechsundsiebzigern – das wissen nur die Älteren, wer die waren. Und von Kaiser Wilhelm II. und eben auch vom Elbtunnel. Mein Großvater wohnte in Barmbek, und er musste jeden Tag zu Fuß zum Hafen und wieder zurück. Das war damals so üblich.

Unser neuer Elbtunnel, der wird nun keine Fußgänger mehr erleben; da ist nun Schluss mit. Es geht auch keiner mehr zu Fuß von Barmbek bis zum Hafen und zurück. Heute haben wir viele U-Bahn- und S-Bahn-Linien und Autobusse, und vor allen Dingen haben wir Tausende, Hunderttausende Autos – in Hamburg allein 600 000. Ich gehöre nicht zu denen, die das beklagen. Ich sage: Gott sei Dank, dass es uns gelungen ist, das Leben für uns alle gemeinsam so viel leichter zu machen im Laufe der Jahre! Wir haben einen gewaltigen Fortschritt des Lebensstandards erreicht, trotz der beiden Kriege.

Als ich noch ein Junge in Hamburg war, waren der alte Elbtunnel und die Elbbrücken so etwas wie Wunderwerke für uns Buttjes. Dass man eines Tages von Othmarschen bis nach Waltershof täglich mit 30 000, 40 000, 50 000 Autos unter der Elbe durchfahren würde: Kein Mensch hätte sich das damals vorstellen können. Und noch in der Nazi-Zeit konnte man sich das nicht vorstellen, als vom Bau einer Hochbrücke hier über die Elbe die Rede war. Die Diskussion darüber ist ja später noch weitergegangen; Bürgermeister Weichmann weiß noch was davon. Damals in der Nazi-Zeit, als von einer Hochbrücke die Rede war, da haben die meisten Hamburger diese Idee für ein Wolkenkuckucksheim gehalten, jedenfalls für eine Ausgeburt der Großmannssucht. Stattdessen weihen wir heute dieses phantastische Tunnelbauwerk ein, und sehr bald werden jedenfalls die Hamburger den neuen Elbtunnel als ganz etwas Selbstverständliches benutzen. So etwas dauert ja nicht lange, dann ist das alltäglich geworden.

Wir sollten denen dankbar bleiben, die dies geleistet haben. Ich schließe mich dem Dank an, den Senator Dr. Bialas und den Bürgermeister Klose ausgesprochen haben, und sage ausdrücklich für die Bundesregierung: Dank den Planern und den Ingenieuren, den Arbeitern und Handwerkern aus vielen Gewerken und Berufen, den privaten Firmen und auch den staatlichen Behörden der Hansestadt Hamburg – und in Bonn (ohne die wäre das auch nicht gegangen, die haben auch was geleistet). Dank auch an jene Hamburger Bürger, die von den Bauarbeiten an der Autobahn und am Tunnel besonders betroffen gewesen sind. Sie haben durch ihr Verständnis dazu beigetragen, dass die Schwierigkeiten gemeistert wurden.

Nun muss ich eigentlich an dieser Stelle bekennen, dass mir drei Einweihungsreden nacheinander an einem relativ kühlen Januarvormittag in Hamburg ein bisschen lang vorkommen. Und deswegen habe ich mein offizielles Redemanuskript aus Bonn auch zu Hause gelassen. Aber ich will jetzt erst mal den Elbtunnel-Witz erzählen, den ich gehört habe. Also das war so: Damals, 1967 oder 1968, als die Bauarbeiten für den Tunnel ausgeschrieben wurden, da erschienen bei meinem alten Amtskollegen

– er war inzwischen Oberbaudirektor – Otto Sill, bei dem erschienen in der Baubehörde auch Hein und Fietje aus Eimsbüttel. Und die wollten sich auch um den Auftrag bewerben. »Ja«, hat der Oberbaudirektor gesagt, »haben Sie denn auch die nötigen Ingenieure und die Baumaschinen?« Und Hein hat geantwortet: »Dat loten Se man unsere Sorge sin. Wi mokt dat ganz eenfach: Hein fangt in Övelgönne mit de Schüffel an und ick op Maakenwerder, un inne Mitt, dor dröpt wi uns.« »Ja«, sagte da der Oberbaudirektor Sill, »das ist ja ganz schön, aber wie wollen Sie das denn nun berechnen, dass Sie sich wirklich genau in der Mitte treffen?« Seggt Fietje: »Dat loten Se man ok unsere Sorge sin. Schließlich ist dat unser Unternehmerrisiko. Un falls wi uns wirklich nich in die Mitte treffen tun, dann kann Ihnen ja nix passieren, dann haben Sie zwei Tunnels.«

So ist das aber nun in Wirklichkeit doch nicht gewesen, sondern die beiden Strecken haben sich akkurat getroffen – für uns Laien wirklich ein Glanzstück an Präzision und Qualität. Diese Westumgehung – das heißt, Bürgermeister Klose hat gesagt, Westumgehung soll man nicht sagen; er hat es aber selber dreimal gesagt; ich sage deshalb jetzt auch Westumfahrung –, diese Westumfahrung Hamburgs mit dem neuen Tunnel ist das Kernstück der neuen Autobahn nach Flensburg und damit ein ganz wichtiges Bindeglied zwischen Skandinavien und dem westeuropäischen, dem gesamteuropäischen Fernstraßen- und Autobahnnetz. Und es befriedigt die Bundesregierung sehr, dass jetzt auch Kiel als letzte Landeshauptstadt der Bundesrepublik Deutschland unmittelbar an das Autobahnnetz angeschlossen werden konnte. Sowohl Schleswig-Holstein als insbesondere auch Niedersachsen werden durch den Zeitgewinn bei der Umfahrung Hamburgs einen großen wirtschaftlichen Vorteil haben.

Für Hamburg selbst wird der Tunnel natürlich den relativ größten Vorteil bringen. Der Bürgermeister hat das schon ausgeführt. Und der Tunnel wird übrigens – das hat er nun nicht gesagt – auch die Beziehungen zwischen den beiden Teilen Hamburgs nördlich der Elbe und südlich der Elbe ein bisschen verbessern. Wenn wir ehrlich sind, müssen wir Hamburger ja doch zugeben, dass für viele, die in Altona oder in Mottenburg wohnen oder in Bahrenfeld, Lurup, Flottbek, dass für die Harburg und Süderelbe immer noch so ein bisschen Ausland sind. Und für die Harburger – ich sehe hier zwei Harburger, ich sehe auch den Harburger Bezirksamtsleiter, meinen alten Freund Hans Dewitz, hier stehen –, für die ist das umgekehrt ja auch nicht viel anders. Und deswegen argwöhnen manche Harburger ja zum Teil immer noch, dass sie in Hamburg vernachlässigt werden.

Ich selbst kann ein Lied davon singen. Denn ich habe nach dem Krieg als Ausgebombter ein paar Jahre in Neugraben gewohnt. Und damals gab es pro Tag ganze drei Züge, und der letzte Zug fuhr abends um 7 Uhr vom Hauptbahnhof – so sind wir damals behandelt worden von den Hamburgern! Das ist nun inzwischen natürlich etwas besser geworden. Die Frau Abgeordnete Ostermeier gibt durch Zuruf zu, etwas besser sei es geworden. Sie muss ja auch die Interessen der Harburger Bürger hier heute Morgen vertreten. Und durch den Tunnel wird es natürlich noch viel besser. Die wirtschaftliche

Einheit Hamburgs und ganz Norddeutschlands wird dadurch wachsen.

Staatlicher Verkehrswegebau, Brückenbau, Tunnelbau, Straßenbau, Eisenbahnbau, Hafenbau, staatliche Infrastrukturinvestitionen insgesamt sind eine unumgängliche Voraussetzung, eine Notwendigkeit, damit privatwirtschaftliche Investitionen durch die Firmen folgen können und damit sichere Arbeitsplätze in der Privatwirtschaft geschaffen werden können. Wir müssen deshalb insgesamt aufpassen, im Bund genauso wie in den Ländern und genauso auch hier in Hamburg, dass der Staat genug Geld aus seinem Haushalt für öffentliche Investitionen abzweigt; denn die Investitionen von heute ziehen die Arbeitsplätze und die Masseneinkommen von morgen nach sich.

Dieser Tunnel kostet bis heute 460 Millionen D-Mark; die Freie und Hansestadt Hamburg investiert aus ihrem Haushalt rund 185 Millionen D-Mark und der Bundeshaushalt rund 275 Millionen D-Mark in diesen Tunnel. Wenn Hamburg den Tunnel hätte allein bauen müssen, so hätte jeder einzelne Hamburger Bürger im Durchschnitt rund 250 D-Mark auf den Tisch legen müssen, einschließlich der Rentner und Kinder. Und dann hätten wir die Betriebskosten noch gar nicht mitbezahlt, die ja doch jeden Tag durch den Betrieb dieses Tunnels entstehen werden. In Wirklichkeit nutzt der Tunnel allein aber noch nichts, es musste ja das Autobahnstück vorher und das Autobahnstück nachher dazugebaut werden.

Die ganze Maßnahme zusammen kostet 1,2 Milliarden D-Mark, und wenn wie das mal überlegen und den Durchschnitt ausrechnen für 60 Millionen Menschen, die in der Bundesrepublik Deutschland wohnen, dann wären das für jeden Deutschen 20 D-Mark, die er durch seine Steuern beiträgt zum Gesamtbauwerk. Es ist ganz gut, wenn man sich das mal selber vorrechnet, damit man erkennen kann, wozu Steuern notwendig sind. Sie merken: Es spricht ein ehemaliger Finanzminister.

Im neuen Jahr 1975 werden wir wegen der Steuer- und Kindergeldreform und der Steuersenkung, die vor zehn Tagen, am 1. Januar, in Kraft getreten sind, und auch wegen der Arbeitslosigkeit und Kurzarbeit sehr knapp bei Kasse sein, was den Staat angeht. Wir werden aber trotz finanzieller Schwierigkeiten den Aufbau und Ausbau eines leistungsfähigen Straßennetzes in der Bundesrepublik fortsetzen. Wir werden 1975 bei leicht erhöhten Haushaltsansätzen kontinuierlich weiterbauen, und es werden keine Bauruinen liegen bleiben, auch wenn wir die Investitionen in diesem Jahr zeitlich ein bisschen strecken müssen. Die einzelnen Baumaßnahmen werden vor allem auf die Unfallschwerpunkte konzentriert werden, auf die Verringerung von Umweltbeeinträchtigungen, auf die Substanzerhaltung des vorhandenen Straßennetzes und auf besonders strukturschwache Gebiete.

Im abgelaufenen Jahre 1974 haben wir in unserem Lande insgesamt 300 Kilometer neue Autobahnstrecken dazubekommen, außerdem rund 250 Kilometer Bundesstraßen ausgebaut oder neu gebaut. Damit hatten wir Ende des vergangenen Jahres in der Bundesrepublik insgesamt ein Netz erreicht von 5780 Kilometern Autobahn. In diesem Jahr 1975 sollen noch einmal rund 480 Kilometer Autobahn neu gebaut werden, und außerdem ist der Ausbau oder der Neubau von noch einmal 250

Kilometern Bundesstraße vorgesehen. Und außerdem haben wir im Konjunkturprogramm der Bundesregierung noch einmal 200 Millionen D-Mark für Fernstraßenbau zur Verfügung gestellt, gerade für Gebiete, in denen die Arbeitsplätze im Tiefbau gefährdet sind. Ich habe mich davon überzeugt, dass auch unsere Gegend hier ein bisschen abkriegt; der Ausbau der B5 bis Elmshorn Süd ist mit drin.

Die Bundesregierung geht mit Gewissheit davon aus, dass es ab Sommer dieses Jahres mit der wirtschaftlichen Entwicklung in unserem Lande wieder bergauf gehen wird. Wir haben dafür gut vorgesorgt, und wir werden zum Teil deswegen im Ausland ja durchaus auch beneidet. Natürlich gilt ein Prophet im eigenen Vaterland meistens etwas weniger, und deswegen darf ich mit einer gewissen Genugtuung daran erinnern, dass ich selbst im Herbst 1972 und Anfang 1973, als die Schiffswerften und hier bei Howaldt die Belegschaft und die IG Metall Sorgen wegen der Aufträge hatten, dem deutschen Seeschiffbau einen großen Aufschwung vorausgesagt habe. Sowohl die Gewerkschaft als auch die Unternehmensleitungen waren sehr skeptisch. Und natürlich hat die Bundesregierung – schließlich war ich damals Finanzminister – dann den ungläubigen Thomassen mit Schiffbau- und Reederprogrammen ein bisschen nachgeholfen. Aber der Erfolg war groß, und das Jahr 1974 ist im deutschen Seeschiffbau ein Rekordjahr geworden. 1975 sieht auch sehr gut aus, und auch 1976 sieht nach der heutigen Auftragslage schon sehr gut aus.

Es ist in der Politik wie beim Bauen: Einer muss die Arbeit des anderen fortsetzen, der sie vor ihm begonnen hat.

Als 1968 der neue Elbtunnel zu bauen angefangen wurde, da waren dafür in Bonn mein Freund Georg Leber als Verkehrsminister und in Hamburg mein Freund Caesar Meister als Bausenator die Hauptverantwortlichen. Inzwischen ist es heute in Bonn der Bundesverkehrsminister Gscheidle und in Hamburg Bausenator Dr. Bialas, der vorhin als Erster gesprochen hat. Und dabei will ich den ehemaligen Hamburger Innensenator Heinz Ruhnau nicht unterschlagen, der inzwischen als Staatssekretär im Verkehrsministerium in Bonn sich auch ein bisschen um den Elbtunnel gekümmert hat. Und als Fußnote darf ich auch sagen, dass zwischenzeitlich ein aus Hamburg stammender Finanzminister in Bonn sich ein bisschen mit gekümmert hat, damit die Penunsen stimmen. Und so baut einer da weiter, wo der andere aufgehört hat.

Vielleicht ist das nicht nur in der Politik und beim Bauen so, vielleicht ist das symbolisch für unser ganzes Leben. Das gilt für das ganze Land, die ganze Bundesrepublik, und das gilt auch für die Freie und Hansestadt Hamburg. Wir Hamburger haben ja immer gewusst, dass wir auf der Arbeit unserer Väter und unserer Großväter aufzubauen hatten. Und wir waren auch immer stolz auf das, was unsere Väter und unsere Großväter schon zustande gebracht hatten. Und wir können heute stolz darauf sein, dass wir unseren Kindern dieses schöne und hervorragend nützliche Tunnelbauwerk hinterlassen werden. In der Freude darüber wollen wir jetzt das erste Mal durch den Tunnel fahren. Herzlichen Dank!

DER ÜBERSEE-CLUB

Geleitwort zu einer Publikation über den
Übersee-Club, 2005

Am Dienstag, dem 27. Juni 1922 um 20 Uhr, eröffnete der Präses der Handelskammer Hamburg, Franz Heinrich Witthoefft, im großen Saal des Patriotischen Gebäudes an der Trostbrücke eine Versammlung einflussreicher Hanseaten, die ein wichtiger Anlass zusammengeführt hatte – die Gründung des Übersee-Clubs. Es ging um ein Forum, das Orientierung und Ermutigung in schwerer Zeit bieten und nach dem verlorenen Krieg die weltweiten Kontakte Hamburgs und seiner Wirtschaft wiederbeleben sollte.

Die Weimarer Republik drohte 1922 in einen Zustand der völligen Destabilisierung hineinzutreiben. Hunger, Chaos und Währungszerfall mit dem Beginn einer galoppierenden Inflation waren bedrückende Alltagserfahrungen. Die Folge war eine »vermeintlich unpolitische, tatsächlich aber obrigkeitsfreundliche und führungsbedürftige Bewusstseinsverfassung ... in allen

Schichten und Klassen ... Glanzlos und gedemütigt, wie dieser Staat war, bedeutete er ihnen nichts: nichts ihrer Treue, nichts ihrer Phantasie« (Joachim Fest). Es war die Zeit der aufstrebenden Demagogen, Adolf Hitler auf der äußersten Rechten, der Hamburger KPD-Führer Ernst Thälmann auf der äußersten Linken, und der ständigen Bürgerkriegsgefahr.

Hamburg blieb davon nicht verschont. Im März 1921 hatte die Polizei in der Hansestadt einen kommunistischen Putschversuch vereitelt, doch die Funktionäre der KPD trafen insgeheim Vorbereitungen für einen erneuten Aufstand; er brach am 23. Oktober 1923 aus und forderte über einhundert Todesopfer. Die Rechtsradikalen antworteten mit blankem Terror gegen die »Judenrepublik« und mit einer Serie von Anschlägen. Als am 24. Juni 1922 Reichsaußenminister Walther Rathenau im Berliner Grunewald durch Attentäter der rechtsradikalen Organisation »Consul« ermordet wurde, verbot der Senat 24 Gruppierungen der rechtsextremistischen Szene. Trotz dieser dramatischen Zuspitzungen hielten aber die maßgebenden Persönlichkeiten der Hamburger Kaufmannschaft an ihrem Entschluss fest, den Übersee-Club ins Leben zu rufen.

Die Gründungsversammlung im Patriotischen Gebäude begann mit einem Gedenken an Walther Rathenau. Nach einigen Präliminarien trat der Oberlandesgerichtsrat Wolfgang Fehling, Vorsitzender des Norddeutschen Hansabundes, an das Rednerpult und verlas eine Ansprache – nicht seine eigene, sondern die Rede des international hoch angesehenen Bankiers und Finanzsachverständigen Max M. Warburg. Warburg war der Initiator dieser Gründungsversammlung, er hatte in den Monaten zuvor in der Handelskammer für dieses Vorhaben geworben. Nach Informationen der Polizei sollte er aber das nächste Mordopfer der Organisation »Consul« sein, und deshalb hatte Polizeipräsident Dr. Hugo Campe ihm nachdrücklich geraten, vorerst öffentliche Auftritte konsequent zu meiden. Fehling trug also die Rede des untadeligen Patrioten vor, der Max Warburg gewesen ist. Warburgs Vaterlandsliebe hatte ihn nicht blind werden lassen gegenüber den politischen und gesellschaftlichen Fehlentwicklungen – das belegt seine Gründungsrede.

Es war kein Zufall, dass der Übersee-Club erst nach dem Zusammenbruch des Kaiserreichs entstand. Denn die Kaufmannschaft und auch ihre führende Schicht, das Großbürgertum, waren in der Wilhelminischen Zeit im Grunde ziemlich unpolitisch gewesen. Nach ihrem Selbstverständnis war für die Vertretung ihrer wirtschaftlichen Interessen vor allem die Hamburger Handelskammer zuständig – eine Institution, die dafür durch eine jahrhundertelange Erfahrung gerüstet war. Politik, Außenpolitik gar, gehörte nach Berlin. Wer sich in der Hansestadt für ein öffentliches Amt zur Verfügung stellte, tat das nicht primär aus politischem Antrieb, sondern zur Erfüllung einer als selbstverständlich empfundenen Patrizierpflicht (und natürlich auch aus Eitelkeit).

Max Warburg beklagte in seiner Gründungsrede, es sei in der Vorkriegszeit »viel Unglück … auch dadurch geschehen, dass die Kaufleute Nur-Kaufleute waren. Allzu lange haben wir in der Auffassung gelebt, dass die Handelspolitik und die Politik im engeren Sinne getrennte Materien seien.« Zu den Ausnahmen hatte der

Großreeder Albert Ballin gehört, der früh und tragisch erfolglos vor den Gefahren der wilhelminischen Flottenpolitik gewarnt hatte. Ballin teilte die Überzeugung seines Freundes Warburg, man müsse Politiker und Kaufleute in ein engeres Verhältnis bringen.

Es waren hochgesteckte Ziele, die Max Warburg dem Gründungs-Auditorium an diesem Abend vortragen ließ. Der Name der neuen Vereinigung, »Gesellschaft für wirtschaftlichen Wiederaufbau und Auslandskunde (Übersee-Club Hamburg)«, umriss dieses Programm nur kursorisch. Die ins Auge gefassten Aufgaben waren ehrgeizig: Für ein »Groß-Hamburg« sollte der Club sich ebenso einsetzen wie für neuen Freihandel, für einen einheitlichen Welthandelsvertrag, für Revision des Versailler Vertrages mit Beendigung der »Kriegsschuldlüge« und der systematischen Diskriminierung Deutschlands und für die Lösung des Reparationsproblems. Künftig, so ließ Warburg die Gründungsversammlung wissen, werde »die Schuld am Kriege … weniger zu besprechen sein als die Schuld an diesem Frieden«. Übersee-Club solle die neue Vereinigung genannt werden, weil sie »uns mit unseren Gesichtspunkten und unserem Wirken über See führt«.

Der großzügige programmatische Zuschnitt schloss die in der Satzung definierten gemeinnützigen Ziele ein. Dazu gehörten die »Vermittlung der Zusammenarbeit aller Einrichtungen für wirtschaftliche Ausbildung in Hamburg« und deren »ideelle und finanzielle Förderung«, auch für einen »wirtschaftlichen Nachrichtendienst«. Für Max Warburg, den Pragmatiker und zugleich Visionär, waren das »Mindestanforderungen«. Er hat daher nur sehr ungern zur Kenntnis genommen, dass der Vorstand des Clubs schon im Juli 1922, also nur einen Monat nach der Gründung, sehr viel bescheidenere Absichten formulierte: »Die Arbeit des Übersee-Clubs auf wirtschaftlichem Gebiet zielt nicht darauf ab, eine besondere eigene Organisation zu schaffen. Der Übersee-Club möchte sich gerne als Sprechsaal oder Plattform in Hamburg angesehen wissen« und durch »Zusammenbringen seiner Mitglieder eine einheitliche Stimmung und wirtschaftliche Gesinnung hervorgehen lassen«.

Doch auch mit diesen deutlich zurückgenommenen Absichten war die Neugründung für die Kaufmannschaft überaus attraktiv. Anfang August 1922 hatte der Club bereits fast tausend Mitglieder (zwei Jahre später mehr als dreitausend). Die kurz darauf ausgerichtete »Überseewoche« wurde zu einem Medienereignis mit internationaler Ausstrahlung. Einer der Gründe dafür war ein Vortrag des britischen Nationalökonomen John Maynard Keynes, der als Berater des britischen Schatzamtes dessen Delegation bei der Versailler Friedenskonferenz geleitet hatte und 1919 von dieser Funktion zurückgetreten war, weil er die dem Deutschen Reich auferlegten Reparationslasten für unvertretbar hielt. Als er am 25. August 1922 zum Thema »The Reparation Policy of Germany« sprach, bekräftigte er seine massive Kritik an diesem Vertragswerk und legte Vorschläge zur Lösung des Reparationsproblems vor, wozu eine Stundung der Zahlungen bis zum Jahr 1930 gehörte. Es war ein brillanter Vortrag, der weit über Deutschland hinaus Aufmerksamkeit fand und ein wichtiges Zeitdokument genannt werden darf.

Eine vergleichbare Einordnung hätte auch dem Vortrag zuteilwerden können, den der damalige Leipziger Oberbürgermeister Carl Friedrich Goerdeler, der zu einem der führenden Köpfe des Widerstandes gegen das NS-Regime werden sollte, am 13. Januar 1933 vor dem Übersee-Club zum Thema »Wirtschaftspolitik und Preisüberwachung« hielt. Das Manuskript dieses Vortrags ist jedoch leider verschollen.

Max Warburg, der erst 1938 – beinahe zu spät! – in die Vereinigten Staaten emigrierte, hat in seinen Memoiren dem »alten« Übersee-Club, der sich am 3. Mai 1934 aufgelöst hatte, einen melancholischen Nachruf gewidmet. Der Club habe »viel Gutes im Kleinen getan. Sein großes Ziel hat er nicht erreicht.« Die Rolle des Bürgertums im Hamburg der Weimarer Republik hat Max Warburg mit bitterer Bemerkung bedacht. Wenn es ihm vergönnt gewesen wäre, so wie sein Sohn Eric Warburg nach Hamburg zurückzukehren, das er liebte und in dem er verwurzelt war, so wäre er gewiss nicht abseits geblieben, als Erik Blumenfeld, Claus-Gottfried Holthusen und Ernst Plate 1947 die Initiative ergriffen, den Übersee-Club wiederherzustellen.

Am 18. Juni 1948, zwei Tage vor der Währungsreform, wurde der Übersee-Club neu begründet. Der langjährige Clubpräsident Rolf Stödter hat dem »alten« Übersee-Club im Hinblick auf seine Internationalität mit Ovid bescheinigt: ... *atque ingens orbis in urbe fuit* – ... *und die ganze Welt war in der Stadt vereint.* Das gleiche Wort darf der Übersee-Club heute für sich in Anspruch nehmen.

DER DOMPLATZ: EINE INTERVENTION

Von seinem Büro in der ZEIT blickt Helmut Schmidt auf den Platz, an dem einstmals der Dom stand. 2006 sollte diese Brachfläche überbaut werden. Die Pläne stießen auf heftigen Widerstand und veranlassten Schmidt zu einem Zwischenruf in der ZEIT (14. Juni 2006). Das Projekt wurde nicht realisiert.

Mitten in Hamburg gibt es seit über sechs Jahrzehnten eine freie Fläche. Früher einmal stand hier der Dom, und ganz früher – vor zwölfhundert Jahren – stand hier die Hammaburg, die Keimzelle der heutigen Millionenstadt. Heute stehen auf dieser allerletzten Trümmerfläche des Bombenkrieges einige Hundert Autos – ein geschichtsgesättigter Ort, der behelfsmäßig als Parkplatz dient. Nun soll der ringsum von backsteinumkleideten Bauten und von der backsteinernen Petrikirche umgebene leere Domplatz endlich wieder bebaut werden. So weit, so gut.

Jedoch der Entwurf des Münchner Architektenbüros Auer + Weber, den eine Jury ausgesucht hat, nimmt weder auf Geschichte Rücksicht noch auf Tradition, noch auf das städtebauliche Umfeld. Es handelt sich um einen krampfhaft-schiefen, glasverkleideten Stahlskelettbau. Keineswegs kann er als »kristallener Solitär« gelten; sondern tatsächlich ist er ein modern erscheinen sollendes Bürogebäude, wie es heute ebenso oder ähnlich in Schanghai, Dubai, São Paulo oder irgendwo auf der Welt gebaut wird. Kein Solitär, sondern ein Produkt der globalisierten Allerweltsarchitektur von Bankzentralen.

Der an der Südfront des Unikums geplante Backsteinriegel macht den gläsernen Kubus weder humaner noch hamburgischer. Weder zur Geschichte noch auch nur zur Baugeschichte der Stadt hat das Bauprojekt eine Verbindung – und dies in der von Fritz Schumacher geprägten Stadt, in Nachbarschaft zu den um zwei Generationen älteren einzigartigen Backsteinbauten Högers und der Gersons, in Nachbarschaft zu der um mehr als hundert Jahre älteren backsteinernen Speicherstadt. Ob gewollt oder ungewollt – das Projekt ist ein krasser Bruch mit der Geschichte.

Die nebenher eingeplanten mehreren Dutzend Wohnungen, an den Glaspalast angeklebt, werden nichts daran ändern, dass der Hamburger Stadtkern nach Büroschluss und nach Ladenschluss weitgehend menschenleer ist. Abgesehen von den Flaniermeilen am Hafenrand und an der Binnenalster, wird die Hamburger Innenstadt hauptsächlich bloß Arbeits- und Geschäftsraum bleiben, nur tagsüber genutzt. Wenn das aber nicht zu ändern ist, dann sollte man wenigstens die eigenen Traditionen wahren!

Zur hamburgischen Tradition gehört, dass den über

Elbe und Alster weit herausragenden Türmen der großen Kirchen und des Rathauses keine Wolkenkratzer Konkurrenz machen; dass man seine Beton- oder Stahlbauten solide mit doppelt gebranntem Backstein umkleidet; dass die Türme und die Dächer der Hauptkirchen und die Dächer der Bauten rund um die Binnenalster mit grünspanigem Kupfer gedeckt werden. Und es würde der Tradition gerecht, wenn die im Aufbau befindliche Hafencity sich im Stil ihrer Fassaden an die ehrwürdige Speicherstadt anlehnte, anstatt abermals durch langweilige Glasverkleidung Modernität vorzutäuschen. Dabei würde es – notabene! – solcher traditionsbewusster Baugesinnung keineswegs widersprechen, wenn die Elbphilharmonie am hervorragenden Kaivorsprung der Hafencity als tatsächlicher Solitär zu einem von weither sichtbaren faszinierenden Blickpunkt gemacht wird.

Die Stadt ist der Ort, an dem Kultur sich primär entfaltet. Zugleich ist die bauliche Gestalt einer Stadt Ausdruck ihrer lebendigen Kultur. Alle Kultur beruht einerseits auf dem Überkommenen, andererseits zugleich auf der Fortentwicklung. Dabei sind auch Fehlentwicklungen nicht ausgeschlossen. So gibt es in der Hansestadt schwere städtebauliche Sünden gegen die eigene Kultur des Zusammenlebens – Osdorfer Born, Steilshoop oder Mümmelmannsberg; darin unterscheidet sich Hamburg nicht von anderen Städten im Osten wie im Westen des Vaterlandes. Jene Verstöße gegen die soziale Kultur und gegen die höher entwickelte Baukultur der Weimarer Jahre waren eine Folge der nach dem Zweiten Weltkrieg dringend gebotenen Forcierung des Wohnungsbaus.

Heute steht die Bebauung des Hamburger Domplatzes nicht unter irgendeinem Zeitdruck. Erst recht sollte sie im Stadtparlament nicht zum Gegenstand parteipolitischer Rechthaberei gemacht werden. Jedenfalls ist nochmaliges Nachdenken dringend zu wünschen.

Sofern aber jener schiefe gläserne Solitär tatsächlich an jener Stelle gebaut werden sollte, so wird deshalb die Stadt nicht untergehen. Aber es wäre schade um die spezifisch hamburgische Kultur, welche immer auch die Tugend eingeschlossen hat, Effekthascherei zu vermeiden.

V DANK EINES EHRENBÜRGERS

WIR HABEN NIE AUFGEHÖRT ANZUFANGEN

Rede zur Verleihung der Ehrenbürgerschaft der
Freien und Hansestadt Hamburg in der Hamburger
Bürgerschaft am 20. Dezember 1983

Herr Bürgermeister, Herr Präsident der Bürgerschaft,
liebe Frau Weichmann, lieber Herr Dau,

lassen Sie mich bitte ein Wort des Dankes sagen, obwohl das gewiss sehr ehrwürdige Protokoll der Bürgerschaft dem Geehrten kein Rederecht eingeräumt hat.
Vielleicht war das auch gut so, sonst hätte ich gleich widersprechen müssen, denn ich bin ein wenig beunruhigt
darüber, dass manche meiner guten Absichten offenbar
für eine Tat und dass mancher Anfang offenbar schon
für eine Leistung genommen worden sind.

Bürgermeister von Dohnanyi hat eben von der Be-
klommenheit gesprochen, die ich bei ähnlicher Gelegenheit schon einmal zum Ausdruck brachte. Das scheint
mir auch heute Morgen meinen seelischen Zustand
richtig zu beschreiben. Aber warum sollte ich Ihnen gegenüber, meine Damen und Herren, meine Freude ver-

bergen. Ich freue mich über diese Ehrung durch meine Heimatstadt.

Ich habe zu den Deutschen gehört, die nach 1945 das unverdiente, das unerhörte Glück gehabt haben, die Heimat, meine Heimatstadt, nicht verlieren zu müssen. Ich konnte nach dem Kriege in die Heimat zurückkehren, wo seit meiner Kindheit meine Wurzeln sind.

Allerdings habe ich die beinahe zwölf Jahrhunderte hamburgischer Geschichte immer auch als Auftrag, als Pflicht verstanden. Ich sehe die vielen Generationen, die vor uns an diesem Ort gelebt haben, Kinder gezeugt haben, die gefeiert und gesoffen und hier gearbeitet haben. Und viele Male haben diese Generationen vor uns die Stadt wieder aufgebaut.

Heute Morgen war von der Flutkatastrophe vor zwei Jahrzehnten die Rede. Die war gewiss böse. Aber die Bombenkatastrophe heute vor vierzig Jahren, die war wirklich eine Katastrophe. Und davor der Hamburger Brand vor 140 Jahren und davor die mehrfachen Zerstörungen durch die Wikinger am Anfange unserer Geschichte. Immer wieder haben die Generationen vor uns unsere Stadt neu aufgebaut. Und so haben die Hamburger große Kraft und Zähigkeit bewiesen.

Wir haben bei alledem über die Jahrhunderte viel Angst aushalten müssen. Aber wir haben uns nie gefürchtet, wieder neu anzufangen. Wir haben überhaupt nie aufgehört anzufangen. Und daraus ziehe ich auch heute meine Hoffnung, wenn ich sehe, wie einige junge Leute, bisher vom Schicksal ganz ungeprüft, sich in Selbstmitleid ihren Ängsten hingeben. Ich ziehe meine Hoffnung daraus, dass, falls jemals wirkliche Not an sie herantreten wird, sie auch zupacken und helfen werden, genau wie viele Generationen von Hamburgern vor ihnen.

Unsere viel gepriesene Reichsunmittelbarkeit hat uns Hamburger natürlich nicht davor bewahren können, in alle Niedergänge, in alle Katastrophen der gemeinsamen Geschichte unserer deutschen Nation verstrickt und mitgerissen zu werden. Mir ist gesagt worden – und ich nehme das als erstes Beispiel –, der erste Ehrenbürger dieser Stadt sei ein Baron gewesen, nämlich Friedrich Karl von Tettenborn, der als General in russischen Diensten an der Spitze russischer Truppen Hamburg von napoleonischer Besetzung befreite. Knapp anderthalb Jahrhunderte später ist dann der russische Machtbereich sehr nahe an unsere Stadt herangerückt.

Meinen eigenen politischen Auftrag habe ich immer auch so verstanden, die Zäsur der deutschen Geschichte seit dem Jahre 1945 erträglicher, zukunftsoffen zu machen oder, wie Kurt Sieveking und Ernst Plate das vor dreißig Jahren genannt haben, eine »Politik der Elbe« ins Werk zu setzen, wenngleich man das von Bonn aus so nicht nennen konnte. Das heißt: gute Nachbarschaft mit den Nachbarn zu halten, Handel und Wandel mit ihnen zu treiben, auch wenn unserer Grundüberzeugungen uns von ihnen trennen.

Der Freiherr von Tettenborn hatte Hamburg von französischer Besatzung befreit. Wer seitdem in Hamburg aufwächst, der lernt das Leben in einer Umgebung, die von einer hergebrachten Nähe und Tendenz zu England gekennzeichnet ist.

Ich möchte gern bekennen, dass ich auf meinem politischen Wege etwas sehr Wichtiges dazugelernt habe: dass nämlich nicht nur unsere Stadt, sondern unser ganzes Land, unsere ganze Nation keine Zukunft haben wird ohne die enge Freundschaft zu jenem Frankreich, das so lange als Feind gegolten hat. Ich bin froh, zu dieser Freundschaft und zu dieser Zusammenarbeit etwas beigetragen zu haben.

Es hat im Laufe der Geschichte einundzwanzig Ehrenbürger unserer Stadt gegeben. Ich kenne sie nicht alle, aber mir fällt Johannes Brahms ein. Bei ihm hat es nur zur Ehrenbürgerschaft gereicht, leider nie zu einem Amt in der Stadt, auch nicht auf seinem Feld, der Musik. Insofern bin ich etwas glücklicher dran. Ich hatte hier ein Amt, und außerdem habe ich Musik – nicht allein die Musik von Johannes Brahms – in dieser Stadt gelernt und kennengelernt, zuerst an jener großartigen Schule, in der ich gemeinsam mit meiner Frau aufgewachsen bin. Und Hamburg hat mir danach wieder und wieder Gelegenheit gegeben, der Kunst und den Künstlern zu begegnen.

Bisweilen, denke ich, wird das künstlerische und kulturelle Potenzial unserer Heimatstadt zu wenig geschätzt. Neben dem Handel und der Schifffahrt und der Industrie gehört ja doch zum Selbstbewusstsein Hamburgs auch die Musikstadt Hamburg, die Theaterstadt, die Stadt der bildenden Künstler, schließlich auch die Stadt der Wissenschaft und der Publizistik. Ich gehöre zu denen, die auch wegen dieses Teils hamburgischer Tradition stolz sind auf Hamburg.

Lassen Sie mich von einem großen Publizisten reden, von Heinrich Heine, den die Hamburger nicht zum

Ehrenbürger gemacht haben. Wohl aber haben sie ihm später Denkmäler gesetzt, auch wohl eine Straße nach ihm benannt. Heine nannte Hamburg »schöne Wiege meiner Leiden«. Heine war ein begnadeter Lyriker, ein romantischer Idealist im Gewand des skeptischen, des zuweilen recht polemischen Kritikers. Er hat den Kommerz wahrlich nicht verehrt, sondern bisweilen eher verachtet. Aber er hat Hamburg geliebt, wenngleich er hier auch gelitten hat.

Wir Hamburger neigen ja dazu, unseren Idealismus zu verstecken. Wir verstecken ihn unter unserem lebens- und welterfahrenen Pragmatismus. Wir sind so eitel auf unser hamburgisches Understatement, dass mancher ahnungslose Binnenländer uns für geistlose Materialisten, für Pfeffersäcke hält oder als Macher missversteht. In Wahrheit steckt aber eben doch ein idealistischer Kern hinter der reichlich dicken Schale.

Dieser Kern hat mich, den hanseatischen Sozialdemokraten, vor zwanzig Jahren dazu gebracht, meiner Stadt in der Gestalt eines anonymen, nur mit drei Sternchen gekennzeichneten Zeitungsartikels die Leviten zu lesen – liebevoll versteht sich. Ich habe davon heute nichts zurückzunehmen. Im Gegenteil, ich hätte eher noch manches hinzuzufügen. Denn ich sehe auf der einen Seite Erschlaffung und auf der anderen Seite Beschränktheiten; ich sehe auch Eiferer. Lokalpatriotismus bedeutet keineswegs schon Urbanität. Aber urban wollen wir doch sein und müssen wir ja auch sein wollen.

Natürlich, ich selbst bin auch ein Lokalpatriot. Und ich verstehe das Wort »Ehrenbürger« eigentlich so, dass es nichts mehr und nichts anderes mehr meint als

Bürger der Hansestadt; das war ich schon immer. Vielleicht meint es außerdem noch eine Vertiefung dieses Zugehörigkeitsgefühls. Und so ändert also auch diese Ehrung nichts an meiner Treue zu meiner Vaterstadt, es fügt auch nichts hinzu. Das alles bleibt so, wie es nun in 65 Jahren gewachsen und tiefer geworden ist.

Aber ich danke gerne den Rednern des heutigen Tages. Ich danke ihnen für Zuspruch genauso wie für Polemik. Beides ist nötig, beides werde ich auch meinerseits unserer Stadt gegenüber nicht verhehlen und ihr nicht ersparen. Beides ist ja auch Ausdruck der Zusammengehörigkeit.

Ich danke Ihnen, meine Damen und Herren, für die Ehre, die Sie mir geben, die Sie mir geben auch durch Ihre Anwesenheit, und ich danke Ihnen dafür, dass Sie meine Freude über die Ehrung auch als Ihre eigene Freude verstehen. Ich stimme zu, wenn vorhin gesagt wurde, dass wir im Grunde Hamburg die Ehre geben wollen. Sie, meine Damen und Herren, viele von Ihnen, haben der Stadt geholfen, das zu werden, was sie ist. Zuweilen haben Sie auch mir geholfen auf meinem Weg.

Auf viele von Ihnen habe ich mich immer wieder verlassen müssen und verlassen können, und so hoffe ich, viele von Ihnen haben sich auch auf mich verlassen können. Wir haben gemeinsam hier in Hamburg gearbeitet, gemeinsam für Hamburg gearbeitet, und diese gemeinsame Arbeit ist nicht zuletzt auch eine stetige Liebeserklärung an unsere Stadt.

MEINE HEIMAT. EINE LIEBESERKLÄRUNG

Der Artikel erschien zuerst in der ZEIT *vom 5. August 2005.*

In meinem Arbeitszimmer steht ein Bildband aus dem Jahre 1968, er enthält Fotos der zu jener Zeit besonders wichtigen Hamburger Bürger. Der Titel lautet *Merkurs eigene Stadt.* Ich habe den Titel damals als angemessen empfunden. Hätten denn etwa Berlin oder Frankfurt, München oder Düsseldorf sich mit dem Namen des römischen Gottes der Kaufleute als angemessen apostrophiert empfunden? Hamburg aber war – anders als die binnenländischen deutschen Großstädte – tatsächlich der Vorort von Import und Export, die Stadt der weltweiten Schifffahrt, geprägt von echter Weltkenntnis. Jedenfalls dachte man so in Hamburg. Dabei konnte man leicht in Kauf nehmen, dass Merkur im alten Rom zugleich der Gott der Diebe gewesen ist. Mit einem gut getarnten Überlegenheitsbewusstsein blickten die Hamburger in den sechziger Jahren heimlich auf manch eines der Binnenländer herab.

Tatsächlich jedoch war dieser Stolz heute vor vier Jahrzehnten nur partiell gerechtfertigt. Denn es lag damals schon ein halbes Jahrhundert zurück, dass die hamburgische Hapag unter Albert Ballins Führung die bedeutendste Reederei der Welt gewesen war. Es lag sogar schon anderthalb Jahrhunderte zurück, dass Hamburg Deutschlands bedeutendste Großstadt gewesen war und – notabene – dass diese Stadt die größte jüdische Gemeinde auf deutschem Boden beherbergt hatte. In der Zwischenzeit hatten aber die Hamburger zweimal ihre Handelsflotte verloren, zweimal war mehr als eine Hälfte der Stadt verbrannt. In zwei Weltkriegen waren weit über 100 000 Hamburger Bürger ums Leben gekommen, teils als Soldaten im Felde und teils zu Hause. Und schlimmer noch: In der Nazi-Zeit waren 8000 Hamburger Juden und weitere 1500 Hamburger ihres Widerstands wegen ermordet oder von einer pervertierten Justiz ums Leben gebracht worden.

Nach der von Hitler provozierten Katastrophe Deutschlands haben die Hamburger gleichwohl ihre Stadt und ihren Hafen, auch ihre Schifffahrt mit großer Mühe abermals aufgebaut. Es sind nur zwei sichtbare Narben nachgeblieben, nämlich die Ruine des Kirchturms von St. Nikolai und die tote Fläche des Domplatzes, auf der einst die Gelehrtenschule des Johanneums gestanden hatte. Die seelischen Narben freilich sind geblieben; aber viele der Bürger, die um ihres Lebens willen Deutschland verlassen hatten, sind in ihre Stadt zurückgekehrt und haben entscheidend Wichtiges zum Wiederaufbau beigetragen.

Die Geschichte Hamburgs reicht zwölf Jahrhunderte

zurück, in die Zeit Karls des Großen. Damals eine sehr kleine, notdürftig befestigte Siedlung – man weiß nicht so recht, ob die Einwohner Franken oder Sachsen oder Slawen gewesen sind –, hatte der Ort nur deshalb eine gewisse Bedeutung, weil er im 9. Jahrhundert vorübergehend zum Ausgangspunkt der weiteren Christianisierung nördlich und östlich der Elbe ausersehen worden war. Wegen der vielen Zerstörungen des Ortes ist aber schon im 9. Jahrhundert der Sitz des Erzbischofs nach Bremen verlegt worden. Die Angreifer waren abwechselnd slawische und dänische Nachbarn; bei Letzteren reden die Hamburger heutzutage aus nachbarlicher Höflichkeit lieber von Wikingern und lassen dabei offen, ob es sich um dänische oder schwedische oder norwegische Wikinger gehandelt hat. Jedenfalls haben Wikinger im 9. und 10. Jahrhundert 120 Kilometer nördlich von Hamburg in Gestalt der Stadt Haithabu am westlichen Ende der Schlei, also an der schmalsten Stelle der schleswig-holsteinischen Landbrücke, ein viel wichtigeres Handels- und Schifffahrtszentrum unterhalten.

Haithabu ist schon bald nach der Jahrtausendwende verödet, auch die dort später begründete Stadt Schleswig hat sich nicht zu einer Konkurrenz für Hamburg entwickelt. Wohl aber stieg Lübeck, durch die für die damaligen Schiffsgrößen gut schiffbare Trave mit der Ostsee verbunden, zum beherrschenden Handels- und Schifffahrtszentrum im Bereich der Ostsee und in Norddeutschland auf. Unter der Führung Lübecks entwickelte sich aus der ursprünglichen Hanse deutscher Kaufleute eine Hanse der Städte, die von London, Bergen oder Brügge im Westen bis nach Nowgorod im Osten reichte. Und dergestalt nicht nur den Seeraum von Ost- und Nordsee abdeckte, sondern auch viele Städte der Länder hinter den Küsten.

Hamburg verweist zwar gerne darauf, dass Kaiser Friedrich Barbarossa schon 1189 mit Urkunde den Hamburgern auf der Unterelbe den freien Zugang zur Nordsee garantiert hat; auch hat sich die Stadt als Hafen und als Gewerbezentrum in den folgenden Jahrhunderten stetig entwickelt. Dennoch konnte sie weder Lübeck noch später Amsterdam oder Antwerpen den Rang streitig machen – von Venedig ganz zu schweigen. Erst als zu Beginn der Neuzeit nach der Ära der Entdeckungen die Ära der Kolonisierung Nord- und Südamerikas folgte, als der Seehandel schrittweise zum Welthandel wurde, ermöglichte die nunmehr verkehrsgeographisch günstige Lage Hamburgs Aufstieg. Der unmittelbare Zugang zum Atlantik und die landseitige Anbindung weiter Teile Mitteldeutschlands durch die Oberelbe kamen aber erst im Laufe des 19. Jahrhunderts zur vollen Geltung, als der schnelle Bevölkerungszuwachs, die Industrialisierung und die Eisenbahn einen großen ökonomischen Aufschwung für ganz Mitteleuropa mit sich brachten.

Am Anfang des 19. Jahrhunderts stand aber zunächst eine der vielen Katastrophen, die Hamburg im Laufe der Geschichte überstehen musste: Napoleon erließ im Kriege gegen England die Kontinentalsperre und brachte dadurch den hamburgischen Seehandel weitgehend zum Stillstand, er gliederte Hamburg als französisches Departement in seinen Staat ein; und kurz vor Napoleons Ende ließ sein Marschall Davout die Vorstädte St. Pauli und St. Georg niederbrennen, um Glacis und Schussfeld für seine Kanonen zu gewinnen – Zehntausende wurden über Nacht obdachlos. Am Ende der in Hamburg sogenannten Franzosenzeit war die Einwohnerschaft Hamburgs um ein Viertel verringert.

Die Hamburger selbst waren relativ wenig daran interessiert, an den Befreiungskriegen teilzunehmen. Sie hatten schon zu Zeiten der Hanse sich lieber mit Geld als mit Männern unter Waffen an den Kriegen gegen Dänemark beteiligt; allein im Kampf gegen die bewaffnete Seeräuberei hatten sie mit Kriegsschiffen teilgenommen. Auch der schrittweise Erwerb der angrenzenden Dörfer und Landschaften geschah nie durch Eroberung, sondern immer durch Kauf. Die Hamburger waren in ihrer Gesinnung eben Kaufleute – und keine Preußen.

Immerhin war aber diese von ihren Kaufleuten regierte Stadtrepublik schon im Laufe des 18. Jahrhunderts zu einem Mittelpunkt kultureller Blüte geworden. Hier lebten Klopstock und Matthias Claudius, hier leitete Lessing das Nationaltheater und schrieb seine *Hamburgische Dramaturgie*; es gab Buchhändler, die zugleich Verleger waren, es gab Zeitungen (»Gazetten«), und es gab nicht nur Freimaurerlogen, sondern auch Lesegesellschaften. Es gab eine Oper und vielerlei Kirchenmusik – beide haben Traditionen begründet, welche heute auf hohem Niveau fortgesetzt werden, ähnlich wie der Buchverlag, der im 19. Jahrhundert Heinrich Heines Bücher herausgebracht und eine Verlagstradition begründet hat.

Weil die Stadt keinem Großherzog oder König oder Fürstbischof unterstand, weil sie nie Residenz gewesen ist wie etwa München oder später Berlin, sind hier keine von einem Fürsten gebauten Paläste entstanden, keine königlichen Gemäldegalerien, keine erzbischöflichen Kathedralen; auch hat hier kein seine Untertanen besteuernder Fürst eine Universität errichtet. Stattdessen haben wohlhabende Bürger die Oper, das Theater, die Kunst- und die Musikhalle oder die Spitäler durch gemeinnützige und »mildtätige« Stiftungen finanziert. Diese Tradition eines sozial gesinnten Kapitalismus hat sich in Hamburg bis in die Gegenwart fortgesetzt; hier arbeiten heute an die eintausend gemeinnützige private Stiftungen.

Dabei ist das ausgeprägte Bewusstsein der Mitverantwortung für das Gemeinwohl gewiss der Urgrund. Zugleich spielt das Bedürfnis nach Anerkennung eine Rolle – legitimerweise. Allerdings hält man hierzulande das eigene Geltungsbedürfnis im Zaume, man lässt seinen eigenen Wohlstand ungern erkennen – das zulässige Maximum ist die Villa an der Alster oder an der Elbchaussee. Auch sind die fünf »Hauptkirchen« Hamburgs gewiss nur zu einem Teil der hierzulande relativ gering ausgeprägten Religiosität der Bürger zu verdanken, zum anderen Teil dem Geltungsstreben – wie wahrscheinlich in der ganzen Welt. Bei aller Orientierung auf das öffentliche Wohl, nach Ende der Nazi-Zeit sogar in der hamburgischen Verfassung festgeschrieben, spielt in dieser Stadt immer das kaufmännische Kalkül eine wichtige Rolle. Man kann es unter anderem daran erkennen, dass eine Berufung des jungen Johann Sebastian Bach gescheitert ist, weil er die Kantorstelle in Hamburg kaufen sollte (was er nicht konnte) – oder auch daran, dass die Hamburger Kaufleute bis nach dem Ersten Weltkrieg gezögert haben, die Universität zu errichten, die schließlich aufgrund einer privaten Stiftung zustande gekommen ist.

Seit Beginn der Neuzeit haben zunächst die Hamburger Kaufleute und im Laufe des letzten Jahrhunderts dann ebenso die Sozialdemokraten ihre Stadt in einer vergleichsweise liberalen Art und Weise regiert. Zwar hat es auch hier bisweilen Aufbegehren und sogar Aufruhr gegeben, aber das politische Klima blieb fast immer gemäßigt. Weder nationalistische Exaltationen (etwa im August 1914) noch kommunistische Revolutionen (etwa nach 1918), weder Wilhelm II. noch eine Generation später Adolf Hitler haben die hamburgische Psychologie sonderlich geprägt. Vielmehr blieb das Klima von innerer Gelassenheit bestimmt, dem langsamen Temperament der Norddeutschen entsprechend.

Die größten Aufregungen haben die Katastrophen erzeugt, so die Franzosenzeit am Beginn des 19. Jahrhunderts, so auch der große Hamburger Brand 1842 und die Cholera-Epidemie 1892. Die beiden letztgenannten Unglücksfälle – sie haben Tausenden von Familien schwere Opfer auferlegt – hätten wahrscheinlich vermieden werden können, wenn man rechtzeitig städtebauliche und hygienische Vorsorge getroffen hätte; dazu waren die regierenden Kaufleute (der »Senat«) aber zu knauserig gewesen. Das Gleiche galt für die Versorgung mit Trinkwasser. Als 1962 das Wasser der Nordsee infolge einer Sturmflut in die Elbe drängte, große Teile der Stadt überflutete, dreihundert Menschen das Leben kostete und Tausende um ihre Wohnungen brachte, hat sich abermals ein Mangel an Voraussicht und Vorsorge erwiesen. Während die Hamburger einerseits mit Wagemut Handel und Schifffahrt mit den Ländern in Übersee betrieben, waren sie andererseits in ihren eigenen heimatlichen Angelegenheiten oft allzu vorsichtig und konservativ. Man blieb immer skeptisch gegenüber jedwedem »neumodischen Kram«.

Die Bombenkatastrophe »Gomorrha«, 35 000 Tote innerhalb einer Woche, habe ich 1943 während eines einzigen Tages miterlebt (ich kam als Soldat in die Stadt). Und 1962 habe ich die Flutkatastrophe miterlebt. In beiden Fällen gab es mitbürgerliche Hilfsbereitschaft und Brüderlichkeit, die ich in ihrem hohen Ausmaß vorher nicht für möglich gehalten hätte. Es hat dazu keiner Appelle durch die Obrigkeit bedurft. In beiden Fällen – wobei die Bombenkatastrophe mit ihren vernichtenden Auswirkungen hundertmal schwerer wog als die Flutkatastrophe – trat dann, nach Überwindung des Schocks und der Lähmung, ein mitreißender Wille zum Wiederaufbau hervor. »Hamburg – das ist unser Wille zu sein«, hat der junge Dichter Wolfgang Borchert nach dem Ende des Zweiten Weltkrieges geschrieben. Das Wort haben die Hamburger viele Male als wahr bewiesen.

Diese spezifisch hamburgische Mischung aus Weltläufigkeit und Konservatismus, aus Liberalität und Traditionstreue, aus Wagemut und zugleich Anhänglichkeit an das Überkommene, aus öffentlich zur Schau getragener persönlicher Bescheidenheit und Mitverantwortung für das Gemeinwohl und für den Nachbarn nach der Devise leben und leben lassen – sie ist wohl gemeint, wenn die Hamburger sich gern Hanseaten nennen. Hanseatisch, das Wort schließt seit Generationen die republikanische Gesinnung ein.

Es schließt übrigens auch die lang anhaltende Anglophilie der Hamburger ein, die wahrscheinlich aus der napoleonischen Zeit stammt. Ich bin hier ganz selbstverständlich anglophil erzogen worden. Als ich 1937 in der mündlichen Abiturprüfung nach Tirpitz und der deutsch-englischen Rivalität beim Bau von Kriegsflotten gefragt wurde, habe ich ganz naiv die auf Begrenzung des deutschen Flottenbaus zielende Mission des englischen Ministers Lord Haldane im Jahre 1912 gelobt, die in Berlin nicht akzeptiert worden war; es spricht für Hamburg, dass die Prüfungskommission meine Antwort anstandslos akzeptierte, obgleich sie keinerlei Sympathie für die damals in Gang befindliche deutsche Aufrüstung erkennen ließ.

Es spricht für die Nachhaltigkeit der hamburgischen Prägung, wenn ich mich zwei Jahrzehnte später bei der Ratifikation der Römischen Verträge im Bundestag der Stimme enthielt, weil ich mir einen Erfolg der europäischen Integration ohne England und ohne englische politische Erfahrung immer noch nicht vorstellen konnte. Allerdings hat dann später eine Reihe von Regierungen in London mich davon überzeugt, dass man auf England nicht warten darf. Inzwischen habe ich längst gelernt, dass mit dem Blick auf die vielen unmittelbaren Nachbarn Deutschlands vornehmlich unser Verhältnis zu Frankreich, sodann zu Polen und danach zu den Niederlanden, Dänemark und zu allen anderen Nachbarn unseres tiefgreifenden Engagements bedarf.

Die geistige Atmosphäre der Stadt ist durch ordinären

Lokalpatriotismus und zugleich durch ungewöhnliche Weltoffenheit und Weltkenntnis gekennzeichnet. Sie hat seit Jahrhunderten eine starke Integrationskraft bewiesen; denn ihr Wachstum verdankt sie vornehmlich dem Zuzug von außerhalb. Die Zuwanderer kamen nicht etwa nur aus dem deutschsprachigen Umland, sondern es kamen auch Holländer, Dänen, Engländer, Hugenotten, Sephardim und Ashkenasim, Italiener, Türken und Perser. Hamburg hat sie alle eingeschmolzen, und bis zu der in den letzten Jahrzehnten uferlosen Bonner und Berliner Einwanderungspolitik zugunsten von Asiaten und Afrikanern hat es hier keine Ghettobildungen gegeben. Die hamburgische Umgangssprache mit ihren vielerlei fremdsprachlichen Einsprengseln bezeugt die Einschmelzung; wenn ein Hamburger meint, etwas sei verkommen, so sagt er: Das ist ja schon vergammelt – aber *gammel* ist ein dänisches Wort, und eigentlich bedeutet es alt.

Ich bin durch Hamburgs Genius Loci während der ersten fünfunddreißig Jahre meines Lebens entscheidend erzogen worden. Dabei hat die nach 1919 unter der hamburgischen Lehrerschaft einsetzende Reformschulbewegung eine gute Rolle gespielt. Zwar hat meine Lichtwarkschule, später von den Nazis aufgelöst, mich wahrscheinlich nicht besonders Pisa-tauglich gemacht; wohl aber hat sie mich für das Leben gelehrt, kritisch zu denken und selbstständig zu arbeiten.

Ich will meine Stadt nicht idealisieren. Wohl aber bekenne ich gern meine Treue zu ihr und meinen Stolz, den ich immer wieder empfinde, wenn ich von der Lombardsbrücke auf die Kirchtürme Hamburgs schaue, auf den Michel und den Rathausturm und auf die Kupferdächer rings um die Binnenalster. Zwar gibt es hier im Winter genauso viel Regen und Nebel wie in London, allerdings ist das Hamburger Wetter längst nicht so berühmt. Jedoch von Anfang Mai bis Ende September ist meine grüne Stadt rund um die Außenalster schöner als die allermeisten Metropolen der Welt.

ANSTELLE EINES NACHWORTS

FRAGEN VON HELMUT SCHMIDT AN DEN ERSTEN BÜRGERMEISTER OLAF SCHOLZ

Das Gespräch fand statt am 28. Mai 2015 im Büro von Helmut Schmidt in der ZEIT.

HELMUT SCHMIDT Lass uns über Hamburg reden. Und lass uns ganz konkret anfangen. Ich finde, was wir aus diesem Platz da unten vor dem *ZEIT*-Gebäude gemacht haben, ist albern. Der Platz ist zwar sehr viel besser geworden, als er mit dem ursprünglich mal geplanten Stahl-Glas-Kubus geworden wäre. Aber er ist nicht erstklassig geworden. Diese Betonfassungen machen überhaupt keinen Sinn.

OLAF SCHOLZ Wie auch immer man zur städtebaulichen Idee steht, der Platz funktioniert. Viele Bürgerinnen und Bürger halten sich da im Sommer und in der Mittagspause gerne auf. Vor allem aber haben die Ausgrabungen am Domplatz dazu geführt, dass wir die wahre Geschichte der Hammaburg besser kennen. Hast du das verfolgt? Das Harburger Museum, das dafür zuständig ist, das Helms-Museum hat jüngst eine neue These über die Entstehungszeit formuliert. Das ist wirklich interessant: Da sind ein paar Hypothesen darüber, wie Hamburg entstand, im Staub versunken: Die Geschichten von der Alsterburg und der Bischofsburg haben sich nicht bewahrheitet.

SCHMIDT Diese Geschichten waren dummes Zeug. Die damalige Besiedlung hat aus Holzhäusern bestanden, nicht aus steinernen Häusern.

SCHOLZ Ja. Die erste Besiedlung war gar keine richtige Besiedlung, das war eine befestigte Handelssiedlung. Später machten die Karolinger daraus dann einen Vorposten gegenüber dem nordelbischen Gebiet.

SCHMIDT Und dieser Vorposten wurde relativ schnell, schon nach wenigen Jahrzehnten zurückgezogen nach Bremen.

SCHOLZ Trotzdem war der Bischofssitz Ausgangspunkt für die Erfolgsgeschichte der Stadt …

SCHMIDT Wenn ich das richtig weiß, ist der eigentliche Aufschwung Hamburgs erst gekommen mit der Entdeckung Amerikas.

SCHOLZ Damit kam der große Aufschwung.

SCHMIDT Und vorher waren die Hamburger Kaufleute kleine Piesepampels im Verhältnis zu Lübeck.

SCHOLZ Jedenfalls nicht größer.

SCHMIDT Lübeck ist nach wie vor eine wunderschöne Stadt, und Hamburg ist nach wie vor eine Stadt, die sich den Kopf zerbricht über ihre Geschichte und keine Zeugen hat für diese Geschichte.

SCHOLZ Das liegt auch am wirtschaftlichen Erfolg, der manchmal gegenüber dem historischen Erbe und der geschichtlichen Architektur ein wenig unsentimental ist.

Vor allem aber durch den großen Brand von 1842 und durch die Zerstörung im Zweiten Weltkrieg ist Hamburg eine andere Stadt geworden. Und wenn nicht der Wallring eine solche Bedeutung hätte, dann würde man ihre traditionellen Konturen nicht erkennen.

SCHMIDT Ich sitze manchmal in Neumühlen, bei Frau Loah im Augustinum, und schaue auf die Elbe. Ich sehe da ganz wenig Schiffe. Was ich sehe, sind riesige Containerschiffe. Heute vor zehn Jahren konnte das größte Containerschiff vielleicht 8000 Container tragen. Was tragen die heute?

SCHOLZ Die größten sind jetzt bei 19000 TEU angekommen. Das ist die Maßeinheit.

SCHMIDT Ja. Und die Schiffe werden immer größer, und infolgedessen werden es immer weniger Schiffe. Viel weniger als zu meiner Kinderzeit.

SCHOLZ Das größte Containerschiff der Welt, das Anfang des Jahres hier eingelaufen ist, ist fast vierhundert Meter lang, fast sechzig Meter breit und hat, voll beladen, einen Tiefgang von 16 Metern. Diese Dimensionen verändern den Hafen. Anfang der neunziger Jahre, nachdem die deutsche Einheit wiederhergestellt war, hatte ich Gäste aus Ostdeutschland hier. Einer wollte unbedingt die Elbe und den Hafen wiedersehen, den er zuletzt vor dem Mauerbau gesehen hatte. Der war dann ganz enttäuscht, als er vom Altonaer Balkon aus den Hafen sah, denn er hatte noch den wuseligen Hafen der fünfziger Jahre vor Augen mit den Schuten, den vielen Schiffen. Wir sind mittlerweile bei einem Containerumschlag von fast zehn Millionen Standardcontainern angelangt; das ist mehr als der Containerumschlag ganz Brasiliens …

SCHMIDT Und es ist weniger als Rotterdam und weniger als Antwerpen.

SCHOLZ Es ist weniger als Rotterdam. Wir haben im letzten Jahr den größten Umschlag gehabt, den der Hafen jemals hatte, und die Entwicklung geht aufwärts. Die prognostizierte Perspektive sind zwanzig Millionen Standardcontainer, die irgendwann im Hamburger Hafen pro Jahr verschifft und behandelt werden.

SCHMIDT Was machst du, wenn die Sache vor den Gerichten schiefgeht und euch die Vertiefung der Elbe untersagt wird?

SCHOLZ Ich bin optimistisch, dass wir vor dem Bundesverwaltungsgericht Erfolg haben werden, weil das Verfahren nicht mehr über den Sinn der Elbvertiefung geht. Das hat das Gericht nicht mehr thematisiert. Sondern es geht um einzelne Fragen der richtigen Bemessung von Auswirkungen auf die Umwelt. Das Bundesverwaltungsgericht hat eine ohnehin anhängige Entscheidung des Europäischen Gerichtshofs abgewartet. Der hat anhand eines Verfahrens zum Weserausbau inzwischen entschieden, wie die europäische Wasserrahmenrichtlinie auszulegen ist. Unsere Prognose ist: Die Entscheidung des Europäischen Gerichtshofs ermöglicht es, die Fahrrinne der Elbe anzupassen.

Probleme mit der Wasserrahmenrichtlinie bekommen potenziell alle Städte in Europa, die am Wasser liegen. Wenn jemand eine Marmeladenfabrik errichten will und ans Wasser muss, weil er Wasser zur Kühlung braucht, dann wird er möglicherweise die damit verbundene Verschlechterung der Wasserqualität nicht ohne weiteres rechtfertigen können. Für die Elbe oder die Weser lässt sich eine Ausnahme von dem EU-rechtlichen Verschlechterungsverbot mit der volkswirtschaftlichen Bedeutung großer Vorhaben begründen. Für kleine Vorhaben wird es schwerer. Wir wissen, welche Bedeutung die Flüsse für die Industrialisierung und die Besiedlung und die Verkehrsinfrastrukturen hatten und haben.

SCHMIDT Habt ihr mal überlegt, ob ihr die Elbe, sagen wir in der Höhe Brunsbüttel, abschleust durch eine große Hochseeschleuse?

SCHOLZ Nein. Was wir gegenwärtig verfolgen, ist ja gar keine Vertiefung auf den maximalen Tiefgang der großen Containerschiffe. Hamburg ist ja mit Blick auf die weltweiten Verbindungen Europas der östlichste Hafen der Nordsee und und der westlichste Hafen der Ostsee. Deshalb kommen hier gar keine voll beladenen 19 000-TEU-Containerschiffe an. Wir haben unsere Planungen präzise darauf ausgerichtet, dass solche Schiffe mit plausibel angenommener Beladung rein und raus und aneinander vorbei fahren können. Wenn wir vor Gericht Erfolg haben, werden wir die Fahrrinne anpassen und dann gucken, wie sich die Schiffskapazitäten weiter entwickeln. Prognosen wage ich nicht. Es gibt Fachleute, die sagen, dass die Schiffe aus verschiedenen Gründen nicht mehr sehr viel größer werden können. Allerdings, solche Prognosen hat es in der Vergangenheit auch gegeben, und sie haben sich nicht bewahrheitet. Aber bei den Öltankern, bei denen es die Entwicklung zu immer größeren Schiffen auch gab, setzte irgendwann eine Rückentwicklung ein, weil die großen Tankerschiffe wirtschaftlich nicht mehr sinnvoll waren.

SCHMIDT Es spielt eine Rolle, dass die Gegenhäfen, die

Häfen in China und in Indien, direkt am tiefen Wasser liegen. Das Wasser dort ist viel tiefer, als die Elbe jemals sein kann.

SCHOLZ Die Häfen von Indien sind heute noch lange nicht so groß wie Dubai oder Singapur. Viele Häfen dort sind heute vor allem noch Feeder-Häfen.

SCHMIDT Das ist so, zurzeit. Aber ich wiederhole meine These, die Häfen liegen am tiefen Wasser, und der ökonomische Aufschwung dieser Länder wird diese Häfen groß machen.

SCHOLZ Davon bin ich überzeugt. Der Umschlag von Schanghai liegt heute bei 35 Millionen Containern, also viel mehr als Hamburg. Aber selbst wenn die relative Bedeutung des Hamburger Hafens im internationalen Ranking abnähme, könnten wir immer noch mit einer Verdoppelung des heutigen Umschlags rechnen. Darauf müssen wir uns auch einstellen. Der Hamburger Hafen verfügt über eine vor allem im letzten Jahrhundert mit gewaltigen Investitionen ausgebaute Hinterlandanbindung, die den gesamten Raum Süddeutschlands, Mittel- und Osteuropas bis hin zu Ukraine und Russland und mit Feeder-Schiffen den ganzen Ostseeraum erschließt. Das hat, nach dem Ende der Teilung Europas, zu einem Aufschwung geführt. Wegen dieser zentralen Funktion für den Warenverkehr weiter Teile Europas wird der Hamburger Hafen immer eine wichtige Rolle spielen, wenn wir genügend in die Infrastruktur des Hafens und der Hinterlandanbindung investieren. Wir wissen, was für eine ungeheure logistische Leistung es ist, solche Verkehrsmengen nach Hamburg herein- und hinaus- zuführen. Deshalb sind wir dabei, die Verkehrsinfrastrukturen, die Hamburg anbinden, weiter auszubauen. Da geht es um Autobahnen, da geht es um Zuganbindungen. Um ein einziges Riesenschiff mit 19 000 TEU zu löschen, braucht man sechs Feeder-Schiffe, 55 Güterzüge und 2600 Lastwagen.

Deshalb ist die Lage des Hafens auch nicht beliebig veränderbar. Denn ein Hafen, der irgendwo entsteht, wo es zum Beispiel eine bessere Tiefwassersituation gibt als in Hamburg, liegt ja meist nicht da, wo es ein so großes industrielles und wirtschaftliches Potenzial und so hervorragende logistische Möglichkeiten gibt wie in der Metropolregion Hamburg mit fünf Millionen Einwohnern. Das ist die Chance, die der Hamburger Hafen hat. Deshalb müssen wir auch mit modernster Technologie – Stichwort SmartPort – dazu beitragen, dass die Logistik besonders gut funktioniert. Der Transport von Schanghai nach Hamburg ist billiger als der von Hamburg nach Hannover.

SCHMIDT Das bleibt so.

SCHOLZ Das bleibt so. Und deshalb sorgen wir eben dafür, dass der Hamburger Hafen verkehrsmäßig gut angeschlossen bleibt.

SCHMIDT Meine These ist, dass die Bedeutung des Hafens für die Stadt und für die ganze Region abnehmen wird. Der Hafen wird nach wie vor wachsen, aber seine Bedeutung wird relativ abnehmen. Heute spielt der Hafen eine riesenhafte Rolle in der Vorstellung der Hamburger. In Wirklichkeit ist nebenan in Finkenwerder eine größere Stadt entstanden als der Hafen. Und die Zukunft liegt im produktiven Gewerbe. Die Zukunft dieser Stadt liegt nicht im Verkehr. Vielleicht irre ich mich.

SCHOLZ   Ich stimme zu, dass die relative Bedeutung des Hafens für die Entwicklung der Hamburger Wirtschaft und die Entwicklung der Metropolregion abnehmen wird, aber das heißt nicht, dass der Hafen deshalb von geringer Bedeutung sein wird. Immerhin haben wir heute über 165 000 Arbeitsplätze im Logistikbereich in der Stadt, und wenn man die ganze Metropolregion zusammennimmt, sind es über 370 000. Der Hafen wird logistisch für die Hamburger Ökonomie immer bedeutsam bleiben, auch wenn wir natürlich alles dafür tun müssen, dass wir neue Branchen in Hamburg etablieren, die neue zukunftsfähige Arbeitsplätze schaffen. Das ist auch öfter schon gelungen.

Ich will einen kleinen Exkurs wagen: Wenn man die Zukunft Hamburgs verstehen will, muss man auch ein Verständnis für den Raum Hamburg und seine Verortung entwickeln. Hamburg ist eine internationale und globale Stadt mit direkter Anbindung an die internationalen Warenströme, über die Nordsee mit den Weltmeeren verbunden …

SCHMIDT   Und ist und bleibt wahrscheinlich der wichtigste Hafen Russlands.

SCHOLZ   Ja, ist so, bleibt so.

SCHMIDT   Mir fehlt ein bisschen in der deutschen Politik die Stimme Hamburgs, was Russland angeht.

SCHOLZ   Die Stimme Hamburgs, was Russland angeht, wird erhoben und diskutiert. Das ist ein eigenes Thema.

SCHMIDT   Und was sagt die Stimme Hamburgs?

SCHOLZ   Unsere Ostseestrategie, die wir zusammen mit den Anrainerstaaten verfolgen, schließt immer auch St. Petersburg mit ein. Der Hamburger Hafen entwickelt sogar einen neuen Hafen für St. Petersburg. Wir sind hoch engagiert, um diese Verknüpfung auch für die Zukunft zu erhalten. – Ich will aber doch noch mal auf die räumlichen Zusammenhänge zurückkommen, weil die Dimensionen, die sich aus verbesserten Verkehrsbedingungen ergeben, gar nicht überschätzt werden können. Hamburg ist direkt angebunden an Berlin. Es gibt Pendler, die täglich zwischen Berlin und Hamburg hin und her fahren; ich habe in meiner Zeit als Bundestagsabgeordneter und Bundesminister an vielen Tagen dazugehört. Das ist eine kurze Strecke, und wenn man die vier Millionen Bewohner in und um Berlin und die etwa fünf Millionen der Metropolregion Hamburg zusammendenkt, entsteht ein Großraum, der durch weitere Verbesserung der verkehrlichen Anbindung letztlich wie eine riesige Stadt wirken kann. Das Gleiche gilt, wenn wir nach Norden schauen: Durch die jetzt definitiv in Angriff genommene feste Verbindung über den Fehmarnbelt nach Kopenhagen ist Hamburg unmittelbar an die Wachstumsregion Kopenhagen-Malmö angebunden. Gleiches gilt in Richtung Bremen und in Richtung Hannover. Eine Folge ist, dass der Hamburger Hauptbahnhof einer der beiden am meisten frequentierten Bahnhöfe Europas ist. Hamburg bildet also den Kern eines Verbundes von Wachstumsregionen, weil Distanzen heute schnell überwunden werden können und die Bedeutung mancher Entfernung abnimmt.

SCHMIDT 1984 habe ich dem damaligen Bürgermeister Dohnanyi einen Brief geschrieben, einen öffentlichen Brief in der *ZEIT*, »Hamburg muss neu anfangen«.

SCHOLZ Bürgermeister von Dohnanyi war, glaube ich, not amused.

SCHMIDT Er hat beleidigt geantwortet: Die Zukunft Hamburgs habe längst angefangen. Ich habe damals geschrieben, die vier Küstenländer sollten sich so behandeln, als gäbe es die Grenzen zwischen ihnen gar nicht. Die Rivalität untereinander war damals ein Thema. Du sprichst von der 5-Millionen-Metropole. Kann man sagen, dass ihr die nachbarschaftlichen Probleme mit Schleswig-Holstein, Niedersachsen, Bremen, dass ihr die im Griff habt?

SCHOLZ Ja. Ich füge übrigens Mecklenburg-Vorpommern hinzu, das man damals nicht mit in den Blick nehmen konnte. Der Vertrag über die Metropolregion ist geschlossen mit den Umlandkreisen, zwei kreisfreien Städten und den Ländern Schleswig-Holstein, Niedersachsen und Mecklenburg-Vorpommern. Es fehlt nur ein Kreis von Holstein. Und die Landeshauptstadt von Mecklenburg-Vorpommern möchte gern ein Teil der Metropolregion werden, was sie wirtschaftlich vielleicht ist, was aber politisch natürlich Fragen aufwirft. Da hat sich eine sehr gute Zusammenarbeit etabliert. Die Hamburger Wirtschaftsförderung zum Beispiel weist Unternehmen, für die sie in ihrem eigenen Register kein passendes Grundstück in der Stadt findet, auf Grundstücke in der Metropolregion hin.

SCHMIDT Vor mehr als 60 Jahren habe ich versucht, eine Prognose zu schreiben über die Entwicklung Hamburgs, und habe festgestellt: Was fehlt, ist der Flughafen. Der fehlt noch heute, und das ist nicht mehr gutzumachen. Wir haben damals den Flughafen Kaltenkirchen geplant und sind damit auf dem Bauch gelandet, weil die Schleswig-Holsteiner sagten: »Das nützt nur den Hamburgern und das ist feindliches Ausland«, und die Hamburger sagten: »Das nützt nur den Schleswig-Holsteinern und das ist feindliches Ausland.« Deswegen ist der Flughafen Kaltenkirchen niemals ernsthaft betrieben worden. Ich bin da neulich wieder gewesen – das ist immer noch eine Wüste.

SCHOLZ Die Flächen gehören uns sogar. Genauer, sie gehören dem Flughafen Hamburg.

SCHMIDT Das mit dem Flughafen wird nichts mehr.

SCHOLZ Einspruch! Der Hamburger Flughafen ist zwar kein Hub wie Frankfurt, aber sehr wohl ein europäischer und hat auch globale Verbindungen. Er hat große Wachstumspotenziale an dem Ort, an dem er sich heute befindet. Er ist mittlerweile mit der S-Bahn gut in die Verkehrsinfrastruktur eingebunden. Und wir haben auch die Lufthansa-Technik vor Ort, die ohne den Flughafen vermutlich nicht in Hamburg geblieben wäre. Sie hat sich hier als ein international agierendes Unternehmen blendend entwickelt. Der Flughafen wird auch in Zukunft nicht an Kapazitätsgrenzen stoßen, sondern kann auch ein erhebliches Wachstum der Passagierzahlen bewältigen. Wir haben jetzt eine Ausbaustufe erreicht, die ihn befähigt, über 20 Millionen Passagiere zu bewältigen, und wir wissen, was wir machen müssten, um ihn bei entsprechender Nachfrage weiterzuentwickeln. Die Zukunft des Flughafens hängt daher eher von der Frage ab, wie sich Flugzeugtechnik und die Strategien der Carrier entwickeln werden. Wenn die Carrier weiterhin auf Hubs setzen, das heißt, alles an einem Flughafen sammeln und von dort in alle Welt fliegen, dann hat das natürlich Konsequenzen.

Die natürliche Frequenz eines Flughafens hängt mit seinem unmittelbaren Einzugsgebiet zusammen. In Norddeutschland wohnen von der holländischen bis zur polnischen Grenze 15 Millionen Bürgerinnen und Bürger. In Bayern, das viel kleiner ist als diese Region, wohnen über 12 Millionen. Außerdem gibt es noch die Flughäfen Hannover und Berlin in größter Nähe, die auch leistungsfähig sind. Der Hamburger Flughafen wird unter den gegenwärtigen Umständen eine Hub-Funktion also nicht übernehmen, es sei denn, der Flugverkehr nimmt so zu, dass man auch international mehr Direktverbindungen bedienen können muss. Oder aber die Flugzeugindustrie entwickelt kleinere Flugzeuge, die mit gleicher Wirtschaftlichkeit solche Distanzen bewältigen können. Der Hamburger Flughafen stößt absehbar nicht an Kapazitätsgrenzen. Er hat andere Herausforderungen zu bewältigen, aber nicht diese.

Was die Verkehrssituation der Metropolregion Hamburg angeht, ist der Flughafen letztlich nur ein Baustein. Die heute fünf Millionen Einwohner dieser Region sind angewiesen auf das Schienennetz und das Straßennetz. Die bauen wir fleißig aus, indem wir neue S-Bahn-Linien in die Region hineinführen, nach Ahrensburg, nach Bad Oldesloe, nach Kaltenkirchen, und endlich auch die wichtige A 26 bauen.

SCHMIDT Wohin geht die?

SCHOLZ Die soll nach Cuxhaven, nach Stade gehen. Gleichzeitig wird sie eine Art südliche Hafenautobahn werden. Man muss Hamburg als Metropole von fünf

Millionen Einwohnern sehen, nicht nur als Stadt mit demnächst wieder 1,8 Millionen Einwohnern und perspektivisch vielleicht zwei Millionen. Deshalb muss die Stadt auch – das ist gewissermaßen die nächste Raumdimension – in die Höhe gehen. Wir müssen ein Verständnis dafür entwickeln, dass eine Stadt in die Höhe wachsen und auch dadurch verdichtet werden kann. Das machen wir mit dem Wohnungsbau und das versuchen wir mit durch den Staat vorangetriebenen Investitionen auch für gewerbliche Bauten. Wir werden demnächst einen Handwerkerhof mit viergeschossigem Gebäude errichten. Wir werden am früheren Güterbahnhof Rothenburgsort eine Speicherstadt des 21. Jahrhunderts mit mehrgeschossigen Industrie- und Gewerbebauten bauen. So können wir die nötige Fläche gewinnen. In Singapur kann man sich anschauen, wie das geht. Den Hamburgern, die sich vor 100 000 Wohnungen mehr fürchten, sage ich immer: Singapur hat eine kleinere Fläche als Hamburg, aber dort wohnen fünfeinhalb Millionen Einwohner. In Seoul wohnen auf einer Fläche, die auch nicht größer ist als Hamburg, sogar zehn Millionen. Angesichts dieser Beispiele werden wir es doch schaffen, zwei Millionen unterzubringen.

SCHMIDT Was ist deine Vorstellung von der Höhe? Sind das sechs Geschosse oder sind das 16 Geschosse?

SCHOLZ Fünf bis sieben.

SCHMIDT Das heißt sechs. Hamburg ist nach dem Kriege drei- bis viergeschossig errichtet worden. Dort, wo viel neu gebaut worden ist, zum Beispiel im Osten, in Hamm und Horn, wurde eher fünf- bis siebengeschossig gebaut. Es geht also nicht um Hochhäuser im klassischen Sinne mit zwölf oder 16 oder mehr Geschossen?

SCHOLZ Das brauchen wir nicht, weil wir genügend Fläche haben. In der Größenordnung von fünf bis sieben Geschossen können wir viel bewerkstelligen. Wir müssen die Entwicklung der Stadt so organisieren, dass wir Wachstum ermöglichen und dabei gleichzeitig die Lebensqualität verbessern. In diesem Zusammenhang geht es um Fragen von Digitalisierung und Elektrifizierung – Elektrizität wird für den Verkehr wahrscheinlich eine ebenso zentrale Rolle spielen wie für die Wärme. Und es geht um den Ausbau von Intermodalität, die ermöglicht, dass man spontan und unkompliziert verschiedene Verkehrsmittel nutzen kann. Wir müssen es schaffen, mit weniger Umweltauswirkung mehr Verkehr zu bewältigen, damit das Leben in der Stadt attraktiv bleibt.

SCHMIDT Welche Rolle spielt in deiner Vorstellung die Tatsache, dass das deutsche Volk immer älter wird und immer weniger?

SCHOLZ Das spielt eine Rolle, wenn ich mir Gedanken über Deutschland und Europa mache. Für Hamburg ist diese Entwicklung auch wichtig, aber weniger relevant. Das liegt an der Attraktivität der großen europäischen Metropolen. Hamburg ist zusammen mit Barcelona und Mailand eine der drei großen Städte in Europa, die nicht Hauptstadt sind, und nach mancher Statistik ist es die größte der drei.

SCHMIDT Barcelona ist in meinen Augen richtig gesehen. Die Stadt hat sich im Laufe der letzten 20 Jahre gewaltig entwickelt. Der Aufschwung Barcelonas ist ein Aufschwung des letzten Vierteljahrhunderts.

SCHOLZ Ja, ein Aufschwung, der eng mit der Demokratie in Spanien zusammenhängt. Aber natürlich ist
der Aufschwung auch eine Folge der Olympischen
Sommerspiele in Barcelona. Wenn man die Stadt von
früher kennt und heute wieder besucht, kann man die
Veränderungen sehen, die zeigen …

SCHMIDT Barcelona liegt heute wieder am Meer.

SCHOLZ Das stimmt. – Ich möchte noch eine Bemerkung zur Altersstruktur machen. Einerseits haben Metropolen wie Barcelona, Mailand und Hamburg eine
hohe Attraktivität für junge Leute, und das wird noch
lange Zeit anhalten. Wir haben im Augenblick sogar mehr
junge Leute, die an den Schulen angemeldet werden, als
das vor einiger Zeit der Fall war. Andererseits müssen
wir uns natürlich dem Problem der älter werdenden Bevölkerung stellen, auch indem wir auf Life Sciences und
Gesundheitswirtschaft setzen, auf den Ausbau unserer
Gesundheitsversorgung. Die Tatsache, dass die Attraktivität der Metropolen und des Lebens in der Metropole
zunimmt, bringt natürlich neue Herausforderungen für
den gesellschaftlichen Zusammenhalt mit sich. Es gibt
in Europa Regionen, in denen immer weniger Menschen
wohnen und in denen ganze Dörfer leer stehen. Und dann
gibt es Metropolen, in denen das Wachstum so groß ist,
dass die Leute sich irgendwann das Wohnen nicht mehr
leisten können, wenn wir politisch die Rahmenbedin-
gungen nicht klug setzen. Deshalb ist eine beherzte und
aktive Politik für den Wohnungsbau von entscheidender
Bedeutung. Angesichts unseres wirtschaftlichen Erfolgs
haben wir in Hamburg kaum leerstehende Bürogebäude, Gewerbe-Immobilien oder Wohnungen, mit denen

wir in der Konkurrenz zu anderen Standorten punkten können. Deshalb müssen wir aktiv dafür sorgen, dass ein 35-jähriger Manager nicht in einer WG leben muss, weil er sich außer dem einen Zimmer in einer Wohnung mit vier anderen Berufstätigen nichts leisten kann. Das ist die Realität in London und in vielen Teilen von Paris, das müssen wir für Hamburg vermeiden. Dass es überall in der Stadt attraktive Wohnmöglichkeiten gibt, die man sich auch als Normalverdiener leisten kann, ist eine der großen Herausforderungen, vor denen wir stehen. Deshalb müssen wir mit Dichte und Größe klug umgehen, um die Wachstumsperspektive der Stadt zu sichern.

SCHMIDT Eines der Probleme liegt darin, dass wir eine ganze Menge Schrebergärten innerhalb des Weichgürtels der Stadt Hamburg haben. Und das sind alles Wähler, und deswegen fasst ihr das nicht an. Eines Tages muss es aber doch angefasst werden.

SCHOLZ Wir haben einen guten Modus Vivendi. Wir vermitteln den Schrebergärtnerinnen und -gärtnern eine Perspektive, sind mit ihnen aber auch darüber einig, dass sie der Stadtentwicklung nicht im Wege stehen dürfen. Das hat in den letzten Jahren überwiegend sehr gut funktioniert. Es gibt kaum Konfliktsituationen. Unter den Schrebergärtnerinnen und -gärtnern sind ja viele, die für sich, ihre Kinder oder ihre Enkel auch eine Wohnung benötigen und die somit selbst betroffen wären, wenn diese Option nicht vorhanden oder nicht bezahlbar wäre. Ich glaube, wir haben einen Weg miteinander gefunden. Sonst wäre es ein Problem.

SCHMIDT Es ist ein Problem. Du willst es bloß nicht zugeben.

SCHOLZ Das Ganze ist sicher nicht frei von Friktionen, aber die Schrebergärtnerinnen und -gärtner sind gute Partner der Stadt. Jedenfalls werde ich nicht machen, was ich anderswo beobachte: eine öffentliche Kriegserklärung an die Schrebergärtner. So löst man das Problem nicht.

SCHMIDT Völlig richtig. Wenn ich morgens von Langenhorn hierherfahre, fahre ich an Tausenden von Schrebergärten vorbei und bin immer wieder beeindruckt von den gewaltigen Ausmaßen dieser Kolonien. Früher bauten viele Familien hier ihr Obst und Gemüse an, um ihre Haushaltskasse zu entlasten. Heute fahren sie alle mit ihrem eigenen Auto in den Schrebergarten, es sind in Wirklichkeit Gärten mit Parkplatz.

SCHOLZ Ach. Wir dürfen nicht übersehen, dass – anders, als sich das viele Leute vorstellen, die über die wirtschaftliche Entwicklung reden – das Durchschnittseinkommen in Deutschland unverändert bei etwa 3500 Euro brutto, netto also deutlich unter 3000 Euro liegt. Die Stadt muss auch für diejenigen funktionieren, die das Durchschnittseinkommen oder weniger verdienen, das sind rund ein Drittel ihrer Bewohnerinnen und Bewohner. Das heißt: Es gibt immer noch Bürgerinnen und Bürger, die einfach nicht viel Geld haben und die sich über ihren Schrebergarten freuen.

SCHMIDT Ich habe einen solchen Kampf hinter mir. Das war in den sechziger Jahren, da ging es darum, die Schrebergärten in einem Gelände, das heißt heute Barmbek-Nord, zu beseitigen und stattdessen die City-Nord zu bauen. Es war eine schwierige Kiste. Ich war Kreisvorsitzender von Hamburg-Nord. Man muss Tausend

Kompromisse schließen, aber wir haben das mit der City-Nord damals hingekriegt. Heutzutage ziehen die Leute aus der City-Nord aus und versuchen, mehr in Stadtnähe zu wohnen.

Ich wollte aber noch etwas ganz anderes loswerden. Wenn es stimmt, dass im Jahre 2050 – das ist heute noch 35 Jahre hin – die Mehrheit der Menschen im Durchschnitt wesentlich älter ist als heute, dann musst du auch nach der Lebensarbeitszeit fragen. Die Rentenbeschlüsse der SPD sind da wenig hilfreich. Andererseits kannst du einen Dachdecker mit 65 Jahren nicht mehr aufs Dach schicken, du kannst auch einen Maurer mit 65 Jahren nicht mehr aufs Gerüst schicken. Du musst sie rechtzeitig umschulen auf einen ganz anderen Beruf. Die Dänen machen das erstaunlich effektiv. In Dänemark wechselt der Mann oder die Frau zwei- oder dreimal im Laufe des Lebens den Beruf. Bei uns gibt es das noch

nicht. Wir müssten eigentlich anfangen, Berufsschulen so umzubauen, dass sie die Aufgabe haben, die Leute umzuschulen auf einen anderen Beruf. Den lernt man übrigens viel schneller als den ursprünglichen Beruf, für den man drei Jahre Lehre gebraucht hat.

SCHOLZ Ich teile diese Sicht. Im Augenblick sind wir erst einmal dabei, dafür zu sorgen, dass unser Berufsschulsystem wieder funktioniert. Es gehört für mich zu den historischen Errungenschaften Deutschlands. Ende des 19. Jahrhunderts gelang es, die handwerkliche Ausbildungstradition in die Fabriken und in die Kontore zu übertragen. Heute stehen wir vor ganz anderen Herausforderungen: Wir müssen es schaffen, dass Kinder mit Migrationshintergrund aus Lurup auch in Eimsbüttel eine Lehrstelle finden, obwohl sie dort niemanden kennen und keiner eine Empfehlung abgeben kann. Die notwendigen natürlichen Verknüpfungen in solchen

Situationen fehlen in unserer Gesellschaft allzu oft. Also müssen wir Bypässe legen, das ist die veränderte Situation. Aber ich stimme zu: Es muss außerdem über eine berufliche Biographie hinweg immer wieder gelingen, sich beruflich neu zu qualifizieren.

Das gehört zu den großen Aufgaben, nicht nur in Hamburg. Da ist auch die Bundespolitik gefordert. In Hamburg können wir die Infrastruktur bereitstellen und Bildungsmöglichkeiten schaffen, begrenzt auch Fördermöglichkeiten. Wir können regionale Arbeitsmarktprogramme mit der Bundesagentur für Arbeit abstimmen, um Formen der Qualifizierung von Berufstätigen hinzubekommen. Gegenwärtig arbeiten wir daran, Ungelernten, die einen Job haben, in ihrem Betrieb die Möglichkeit zu geben, doch noch eine berufliche Qualifikation und damit mehr Sicherheit zu erlangen.

SCHMIDT Heute vor ziemlich genau 100 Jahren stand die hamburgische Lehrerschaft an der Spitze der Entwicklung in ganz Deutschland. Die Lehrer in Hamburg – es waren im Wesentlichen die Volksschullehrer – haben damals eine neue Schulkultur ins Leben gerufen. Mein Vater war der Sohn eines ungelernten Stauereiarbeiters und ist über die sogenannte Selecta – eine zusätzliche neunte Klasse, eine Erfindung der hamburgischen Lehrer – am Ende Berufsschullehrer geworden und Studienrat und sogar Schulleiter. Meine Güte! Mir fehlt in Hamburg der Auftrieb durch die Lehrerschaft.

SCHOLZ Da passiert aber einiges. Ich glaube sogar, dass das Hamburger Schulsystem in seiner Grundaufstellung im Augenblick zu den fortschrittlichsten in ganz

Deutschland zählt. Das wird sich nach einer gewissen Zeit auch in den Ergebnissen stärker niederschlagen, als das heute der Fall ist. Wir haben fast skandinavische Bedingungen. Wir haben ein flächendeckendes Angebot an Krippen und Kitas mit Ganztagsbetreuung, wir haben Ganztagsgrundschulen mit sehr kleinen Klassen, und wir haben nur noch zwei weiterführende Schultypen, die jeweils etwa die Hälfte der Schulen ausmachen: das Gymnasium und die Stadtteilschulen, beide mit Oberstufen. Die Schulpflicht beträgt heute mindestens zehn Jahre, sodass sich an den Stadtteilschulen für viele, für die das früher aufgrund ihrer Herkunft nicht vorgesehen war, in der zehnten Klasse die Perspektive einer Oberstufe und eines Abiturs eröffnet; früher wäre ihnen das aufgrund der komplizierten Schulsituation verschlossen gewesen. Wir haben das sogar noch ergänzt, indem wir auch ohne einen in der Schule erworbenen Hochschulabschluss den Zugang zu den Universitäten öffnen. In diesem Gesamtsystem können sich Talente unabhängig vom Elternhaus und vom sozialen Hintergrund entfalten. Das wird Früchte tragen in einer Stadt, die immer von Bürgerinnen und Bürgern geprägt sein wird, die von außerhalb kommen und hier ihr Glück machen wollen. In einer enttraditionalisierten Gesellschaft, in der nicht alle alles mitbringen, muss der Staat dazu beitragen, dass auch ohne familiäre und nachbarschaftliche Traditionen jeder alles aus sich herausholen kann, was er aus sich herausholen möchte. Man muss dazu angeregt werden, und das geht nur, indem wir viel mehr für Bildung ausgeben – und zwar auch schon vor der Schule – und auch viel mehr Unterrichtsmöglichkeiten schaffen als bisher.

Dazu haben wir entsprechende Prioritätenentscheidungen im Haushalt getroffen.

SCHMIDT Integration ist das Stichwort. Ich würde ganz gerne das Thema ein bisschen verschieben und einen Lieblingsgedanken von mir vortragen. Der Lieblingsgedanke ist, den Stolz der Hamburger auf die Hanse des Mittelalters zu nutzen, um für die europäische Integration zu werben. Zurzeit haben wir eine antieuropäische Welle in ganz Europa. Ob es Griechenland ist oder ob es Dänemark ist oder ob es England ist: Überall hast du antieuropäische, antiintegrative Bewegungen, und es wird langsam notwendig, eine bewusste Gegenbewegung ins Leben zu rufen. Ich stelle mir vor, dass der Hamburger Senat, unter Führung eines Sozialdemokraten, den Versuch macht, zu sagen, wir waren eigentlich schon mal sehr viel weiter. Die Hanse hatte ihre Kontore in Brügge, in London, in Bergen in Norwegen, in Nowgorod in Russland. Hansestädte waren nicht nur Lübeck oder Danzig, sondern auch Magdeburg oder Krakau. Krakau war eine Hansestadt, Köln war eine Hansestadt. Die Ausweitung der Kaufmannshanse zu einer Städtehanse war eine europäische Entwicklung, für die es nur eine einzige Parallele gab, das war Venedig. Die Frage lautet, was tragen wir Hamburger dazu bei, eine Gegenbewegung ins Leben zu rufen, die wieder anknüpft bei der alten Tradition? Von den Hansestädten sprachen einige Flämisch, einige Plattdeutsch; andere sprachen Englisch, andere sprachen Polnisch, aber sie alle konnten miteinander reden, weil sie Dolmetscher hatten. Die Hanse als eine europäische Einrichtung ging zugrunde mit der Entdeckung Amerikas …

SCHOLZ   Und an der Macht der Regionalfürsten.

SCHMIDT   An der Macht der Dynastien. – Meine Frage lautet: Kann man das wiederbeleben?

SCHOLZ   Die Hanse ist jedenfalls ein gutes Argument, auf das wir verweisen können. Wichtig ist, dass wir dem zugrundeliegenden Gedanken folgen und es als unsere Aufgabe begreifen, als Europäer zu sprechen. Mich interessiert nicht nur, was Stuttgart mit seinem Bahnhof macht, sondern auch, wie es den jungen Leuten in Madrid geht. Politik, die aus der Partikularperspektive formuliert wird, wird vielfach nicht mehr funktionieren. Wenn wir Europa nicht nur als Vorstellung, sondern auch als Realität wollen, dann müssen wir zunächst eine europäische Perspektive entwickeln und dann lediglich gegenläufig prüfen, ob wir die Konsequenzen, die sich aus dieser Perspektive ergeben, auch aus unserer deutschen Perspektive akzeptabel finden. Wir dürfen niemals auf das antieuropäische Ressentiment hereinfallen, das sich aus den alten nationalstaatlichen Traditionen nährt, sondern wir haben dafür zu sorgen, dass alles zusammenbleibt. Es kann nicht sein, dass wir zu Hause darüber reden, was wir den Europäern alles mal sagen wollen, in Brüssel dann eine integrative Rolle spielen und hinterher zurückkehren und verkünden, was wir alles erreicht haben für Deutschland.

Ich versuche, einen Beitrag zur europäischen Integration zu leisten. Es gibt von mir keinen einzigen antieuropäischen Satz in irgendeiner Rede. Ich habe zum Matthiae-Mahl sehr bewusst immer wieder europäische Politiker eingeladen, die diese Perspektive verfolgen: den Präsidenten der Europäischen Kommission, den französischen Ministerpräsidenten, den Präsidenten Polens. Der schöne alte Satz, wie man in den Wald hineinruft, so schallt es heraus, gilt ja auch für Politiker. Wenn sie selber proeuropäisch reden, dann entsteht eben auch weniger antieuropäisches Ressentiment. Wenn sie aber auf der Welle des Populismus und des Ressentiments reiten, dürfen sie sich über die Konsequenzen nicht wundern.

SCHMIDT Die gegenwärtige Kontroverse mit den Russen über die Ukraine und über die Krim ist eine antieuropäische Politik. Die Politik von Frau Merkel ist in dieser Beziehung nicht europäisch. Mir tut es weh, wenn ich sehe, dass der im Prinzip eindeutig europäisch gesinnte Finanzminister eine Politik macht, die im Ergebnis antieuropäisch ist. Der Appell an die Sozialdemokratie, den ich heute vor vier Jahren in einer Parteitagsrede ausgesprochen habe, der Appell an die Solidarität und an die Subsidiarität – die heute übrigens ausdrücklich im Grundgesetz steht – ist ohne jedes Echo geblieben. Alles, was du gesagt hast, würde ich unterschreiben, aber die Frage ist, ob du das laut genug gesagt hast.

SCHOLZ Ich glaube, dass wir an unsere amerikanischen und russischen Freunde auch Erwartungen formulieren müssen. Wir müssen von ihnen erwarten, dass sie EU-Europa als Tatsache akzeptieren. Was Kissinger einmal gesagt haben soll – »Wo ist die Telefonnummer von Europa?« –, begründet keine Perspektive, aus der heraus amerikanische Politik im Verhältnis zur EU gemacht werden sollte. Die USA sollten die EU auch nicht in altes und neues Europa teilen und von angelsächsischen oder deutsch-amerikanischen oder sonstigen Sonderbeziehungen reden, sie sollten die EU als einen sich integrierenden Zusammenschluss akzeptieren. Für Russland gilt das aus meiner Sicht ähnlich. Wir müssen auch von der Führung der Russischen Föderation erwarten, dass sie EU-Europa als Tatsache akzeptiert und nicht darauf setzt, dass wieder eine Zeit kommt, in der es um Deutschland, um Frankreich, um England, um Italien, um Spanien geht und nicht um die EU.

SCHMIDT Wir haben es den Russen sehr schwer gemacht, das zu akzeptieren, indem wir uns ausgedehnt haben. Wir waren doch drauf und dran, Georgien und Armenien in die Europäische Union aufzunehmen.

SCHOLZ Da widerspreche ich. Es ist deutsche Politik in Europa gewesen, diese Aufnahmeprozesse und auch den Aufnahmeprozess in die NATO nicht zu betreiben. Jedenfalls ist der Wunsch der Ukraine, Georgiens und Armeniens, in die NATO aufgenommen zu werden und schnell Mitglied der Europäischen Union zu werden, nicht aufgegriffen worden.

SCHMIDT Das ist richtig. Aber nicht aus Rücksicht auf die Russen, sondern weil man die Konsequenzen eines solchen Schrittes sowohl für die EU als auch für diese Staaten selbst für nicht beherrschbar hielt, mit Recht.

SCHOLZ Ich habe mir die Situation an der Ostgrenze der EU einmal mit einem Bild aus der griechischen Mythologie zu erklären versucht: Die russische Politik hält die EU-Grenze für das Ufer der Sirenen. Sie glaubt offenbar, dass die verlockenden Klänge von Pluralismus, Rechtsstaat, Demokratie und Marktwirtschaft die staatliche Integration des heutigen Russlands in Gefahr bringen. Die russische Politik kann sich die Integration des eigenen Landes offenbar nur auf dem Weg über Patriotismus, Besinnung auf die orthodoxe Kirche, einen starken Staat und Autoritarismus vorstellen. Unsere Erfahrung ist eine andere: dass ein Staat trotz aller Gegensätze seiner Bürger zusammenbleiben kann und dass Pluralismus und Demokratie integrierend wirken können. Wenn man das aber nicht so sieht, wirkt der Umstand, dass nicht weit von der eigenen Grenze der Gesang der offenen Gesellschaft zu hören ist, bedrohlich. Der listige Odysseus hat einen Weg gefunden, dem Gesang der Sirenen zu lauschen, ohne seine eigene Existenz und die seiner Gefährten aufs Spiel zu setzen, indem er ihnen die Ohren mit Wachs verstopfte und sich selbst an den Schiffsmast anbinden ließ. Es gibt sicher auch Wege, unseren Gesang auszuhalten.

Erstens muss es also darum gehen, dass die Führung der Russischen Föderation die Existenz eines pluralistischen EU-Europas nicht als Gefahr für sich selber begreift. Es muss zweitens ebenso klar sein, dass jedes Land – auch Russland – seinen eigenen Weg gehen muss. Und es muss drittens klar sein, dass es sich bei Russland um eine große Macht handelt. Die Aussage Obamas, dass es sich um eine Mittelmacht handelt, war politisch nicht glücklich.

SCHMIDT Gefährlich.

SCHOLZ Auch Völker und Regierungen haben ihren Stolz.

SCHMIDT Obama will keinen Krieg. Frau Merkel will auch keinen Krieg. Aber Frau Merkel ist groß geworden in der Opposition gegenüber den Kommunisten. Für sie war Amerika der Hort der Freiheit. Heute lebt sie in der

Enttäuschung über diesen Hort der Freiheit. Und findet im gegenwärtigen Bundespräsidenten einen Gesinnungsgenossen. Die Tatsache, dass Berlin die bei weitem stärkste Wirtschaftsmacht Europas repräsentiert, führt zu Selbstüberschätzungen. Das kann schiefgehen. Frau Merkel muss verstehen, dass Putin sich die schwierige Aufgabe gestellt hat, das russische Kolonialreich, das von der Ostsee bis an den Stillen Ozean reicht, zusammenzuhalten. In diesem riesenhaften Staat gibt es gewaltige Probleme, zum Beispiel einen sehr hohen Anteil dort geborener Muslime, die eine muslimische Gesellschaftsordnung haben. Sibirien ist heute ein fast menschenleerer Raum, aber im Laufe der nächsten Jahrzehnte wird es wahrscheinlich in stärkerem Maße bewohnbar werden, und es wird sehr viel stärker ausgebeutet werden als bisher; die Bodenschätze in Sibirien sind einstweilen nicht wirklich erkundet. Ich glaube nicht, dass am Ende des 21. Jahrhunderts Russland noch bis zum Stillen Ozean reichen wird. Das Bevölkerungswachstum in Asien wird große Wanderungsbewegungen auslösen, die Chinesen werden nach Sibirien reindrücken, die Muslime werden auch reindrücken.

SCHOLZ Prognosen sagen, dass das Bevölkerungswachstum im Jahr 2050 bei etwa neuneinhalb Milliarden Einwohnern zum Stehen kommt …

SCHMIDT Die Prognosen hören alle im Jahre 2050 auf. Kaum einer hat den Mut, für die zweite Hälfte des 21. Jahrhunderts etwas Konkretes auszusagen.

SCHOLZ 2050 ist der Peak. Dann hat die absehbare Wohlstands- und Bildungsentwicklung die Welt so weit verändert, dass überall dort, wo sich Wohlstand, Sicherheit, Bildung verbreiten, das Bevölkerungswachstum zum Erliegen kommt. Danach geht es langsam wieder runter.

SCHMIDT Das ist eine schöne These. Bis ins Jahr 2050 stimmen wir jedenfalls überein. – Lass uns mal zurückkommen auf die EU. Als ich ein kleiner Junge war, dreizehn Jahre alt, wurde ich in einem Schüleraustausch mit einer Schule in Manchester nach England geschickt. Mein Austauschschüler hieß Alfred Bake und wohnte in der Fellowfield Road 2. Ich bin drei Wochen lang in Manchester zur Schule gegangen, und hinterher kam Alfred Bake aus Manchester drei Wochen nach Hamburg. Ich fuhr über Grimsby. Grimsby war damals ein Fischereihafen, und es gab eine wöchentliche Verbindung zwischen Hamburg und Grimsby mit kleinen Dampfern, maximal 3000 Bruttoregistertonnen. Was ich sagen will: Ich bin als Hamburger in einer anglophilen Weise erzogen worden. Deshalb konnte ich mir nach dem Krieg die Europäische Gemeinschaft nicht ohne England vorstellen. Im Laufe der siebziger Jahre habe ich mich dann belehren lassen durch Harold Wilson und durch Maggie Thatcher, und heutzutage bin ich sehr skeptisch, was die Engländer angeht. Sie haben eigentlich von Anfang an Europa nicht wirklich gewollt. Sie haben auch den europäischen Gedanken nicht wirklich gewollt. Ich bin durchaus der Meinung, dass man versuchen sollte, die Engländer in der EU zu halten. Aber ich werde aus Cameron nicht schlau. Wirst du aus ihm schlau?

SCHOLZ Ich vermute, dass Cameron in der EU bleiben möchte. Das sagt er auch. Aber gleichzeitig schürt er das Feuer, das andere gelegt haben. Insofern ist es ein taktisch höchst kompliziertes Manöver, das er zum Verbleib in der EU für sich gewählt hat. Weil ich ihm aber unterstelle, dass er diesen Verbleib wirklich will, will ich auch, dass die deutsche Politik ihren Beitrag dazu leistet, dass es gelingen kann, ohne dass wir dafür unvertretbare Preise zahlen.

SCHMIDT Die Engländer verlangen von uns eigentlich keine Zahlungen. Was sie verlangen …

SCHOLZ … Ausnahmen.

SCHMIDT Was sie verlangen, sind Kompetenzen. Sie möchten Kompetenzen zurückhaben. Sollen sie sich meinetwegen damit durchsetzen. Ich glaube nicht, dass die Europäische Union in ihrer gegenwärtigen Gestalt das Ende des 21. Jahrhunderts erleben wird.

SCHOLZ Es ist aber unser Lebensinteresse, dass das EU-Projekt einen guten Verlauf nimmt. Deshalb bin ich übrigens auch der festen Überzeugung, dass es unsere Aufgabe ist, dafür zu sorgen, dass Griechenland im Euro bleibt. So wie es eben auch zu unseren Aufgaben gehört, dafür zu sorgen, dass Großbritannien Teil der EU bleibt. Das wird nicht ganz einfach, weil die dortige Politik so viele antieuropäische Reden gehalten hat. Wir müssen besonnen bleiben und gleichzeitig darauf bestehen, dass zum Beispiel die Freizügigkeit, die zu den größten Errungenschaften der Europäischen Union gehört, nicht zur Disposition stehen kann. Wir müssen letztlich eine Interoperabilität der Freizügigkeit hinbekommen, weil die Unterschiedlichkeit der sozialstaatlichen Sicherungszusagen in den einzelnen Ländern nicht zu halten ist, wenn man sich ohne weiteres jeweils durch Umzug höhere Solidaritätszusagen verschaffen kann. Wenn wir in diesem Kontext gute Lösungen finden, kann das auch helfen, Großbritannien in der EU zu halten. Tatsächlich gibt es kein EU-Land – auch Großbritannien nicht –, das es wirtschaftlich gut verkraften könnte, aus der EU auszutreten. Trotzdem bringt es uns nicht weiter, achselzuckend zu sagen: Wenn nicht, dann eben nicht.

SCHMIDT Wenn ich sehe, wie in Schottland, in Irland, in Finnland, in Norwegen oder auf dem westlichen Balkan oder in anderen Regionen, im Baskenland oder in Katalonien, wie da die nationalen Minderheiten reden, die alle am liebsten ihren eigenen Staat aufmachen würden, dann würde es mich sehr wundern, wenn es die Europäische Union am Ende des 21. Jahrhunderts in ihrer heutigen Form noch gäbe – 28 Kommissare, 28 Generaldirektoren, 28 Stäbe von Kommissaren! Die heutige Brüsseler Bürokratie arbeitet sorgfältig, aber vieles davon ist überflüssig. Der Europäischen Union fehlen die Kompetenzen der Finanz- und Haushaltspolitik. Juncker scheint nicht zu wissen, wohin die Reise gehen soll. Immerhin ist er besser als Barroso. Ich bin, was die unmittelbare Zukunft der Europäischen Union angeht, leider etwas pessimistisch, weil die Bürokraten überall in Europa Opposition gegenüber Brüssel hervorgerufen haben.

SCHOLZ Du tust es gerade auch. Die Regionen und lokalen Einheiten profitieren doch eher von der EU. Es gibt ein Buch eines Amerikaners, das zurzeit heftig diskutiert wird, »If Mayors Ruled the World«. Seine These ist, dass die Metropolregionen mit den weltweiten Problemen sehr viel pragmatischer umzugehen verstehen und auf lokaler Ebene zu besseren Lösungen kommen als die Nationalstaaten und dass die Bürgermeister deshalb eine größere Rolle spielen sollten. Da gibt es interessante Ansätze, die man aufgreifen kann. Auf der Ebene der Städte und Regionen lassen sich viele Dinge regeln, und für die Bürgerinnen und Bürger ist auf dieser Ebene auch vieles konkret nachvollziehbar. Trotzdem müssen wir das Ganze im Blick behalten. Die Perspektive für EU-Europa ist sicher nicht das Heilige Römische Reich, sondern liegt eher in der schottisch-englischen Union oder in der amerikanischen Union, ohne dass wir diese historischen Ereignisse eins zu eins in die heutige Zeit übertragen könnten. Aber meine Überzeugung ist: Wenn man eine große Sache voranbringen will, soll man sie nicht kleinreden.

SCHMIDT Wenn es heute bei uns zu einer Volksabstimmung darüber käme, ob Deutschland in der EU bleiben solle oder nicht, wäre ich mir nicht mehr so sicher, wie das ausginge.

SCHOLZ Ich wäre zuversichtlich. Ich will noch einmal den sehr politisch gemeinten Satz von vorhin wiederholen: Wenn die Bevölkerung in dem großen Land mitten in Europa – 80 Millionen Einwohner, das größte Sozialprodukt aller EU-Staaten – nicht proeuropäisch eingestellt ist und wenn ihre Regierung nicht proeuropäisch eingestellt ist, dann geht es schief. Europa braucht ein europäisches Deutschland. Europa kann es aushalten, dass in einzelnen Ländern mal die Stimmung kippt oder dass einzelne Regierungen versuchen, auf der populistischen Welle mehr für ihre eigene Politik oder ihren eigenen Staat herauszuholen. Aber das Land in der Mitte muss von der Mentalität, von der Überzeugung seiner Bürger und vom Reden und Handeln seiner Politiker her proeuropäisch sein, sonst wird das ganze EU-Projekt nicht funktionieren.

SCHMIDT Im Laufe der letzten 1200 Jahre hat es dreimal den Versuch gegeben, Europa aus der Mitte heraus zu regieren: das erste Mal unter Karl dem Großen. Das zweite Mal, ein Jahrtausend später, unter Napoleon und das dritte Mal unter Adolf Nazi. Die letzten beiden Male ging es schief. Jetzt ist Deutschland wieder in der Versuchung, Europa aus der Mitte heraus zu führen, und es wird wieder schiefgehen.

SCHOLZ Deutschland darf sich nicht der Versuchung hingeben, in Europa die Richtung bestimmen zu wollen. Aber es darf sich zugleich nicht vor der Verantwortung für den Gesamtzusammenhang drücken. Die Perspektive Deutschlands in Europa ist nicht, mit den einen gegen die andern zu agieren, sondern sich für das Miteinander aller verantwortlich zu fühlen und die Konsequenzen politisch auszuhalten. Verantwortung heißt nicht, dass man sich aufspielt, sondern dass man sich nicht drückt.

SCHMIDT So ist es.

SCHOLZ Man kann es auch anders formulieren: Wollen wir, dass der Laden zusammenbleibt, und zahlen wir den Preis?

SCHMIDT Die Antwort muss zweimal lauten: ja.

SCHOLZ Wir müssen uns darum kümmern, dass es eine Lösung gibt. Wir können nicht mehr sagen, das geht uns nichts an. Uns gehen alle Angelegenheiten an, die Europa betreffen: Ob es gut geht mit Griechenland, ob es gut geht mit England, dafür müssen wir uns verantwortlich fühlen.

SCHMIDT Bleib mal einen Augenblick bei Griechenland. Was hindert die Deutschen daran, vorzuschlagen,
dass wir ein europäisches Investitionsprogramm auf-
legen mit dem Ziel, aus Griechenland einen funktions-
tüchtigen Staat zu machen? Ein großes Investitionsprogramm zugunsten der Griechen heißt, Streichung aller
griechischen Schulden. Denn die werden sowieso gestri-
chen. Warum streichen wir sie nicht willentlich?

SCHOLZ Sie sind ja zu einem Teil schon reduziert worden.

SCHMIDT Widerwillig.

SCHOLZ Widerwillig, aber sie sind reduziert worden,
und zwar durch Veränderung der Zahlungsbedingungen.
Darüber wird allerdings nicht groß geredet. Ich wünsch-
te mir, dass man das lauter sagte, weil alles Verdruckste
schiefgeht. Man führt lange Diskussionen, ob man soll
oder man nicht soll – und dabei hat man schon. Mit deinem Vorschlag eines Investitionsprogramms sind in der
EU wohl mittlerweile alle einverstanden.

SCHMIDT Griechenland hat dreihundert Jahre ottoma-
nische Herrschaft hinter sich und hat zehnmal Staats-
bankrott gemacht. Griechenland ist kein funktionstüch-
tiger Staat. Das müssen wir als Tatsache anerkennen und
müssen Griechenland helfen.

SCHOLZ Ich glaube, dass dafür sogar Mehrheiten gefunden werden könnten. Allerdings muss die griechische
Politik im Gespräch mit den Europäern eine Perspektive entwickeln, der man vertrauen kann. Wenn man sich
zum Beispiel darauf verständigt, dass eine Straße gebaut
werden soll, dann muss auch sichergestellt sein, dass es
dafür eine Genehmigung gibt und es nicht heißt, die

Genehmigung kommt in zehn Jahren. Volkswirte reden immer nur über Zahlen, aber die Wirklichkeit, die besteht eben aus Straßen und Brücken, aus Fabriken und Maschinen und aus Produkten, die man verkaufen kann. Man kann noch so viel an den Zahlen, an den Währungsrelationen, an den Schuldverschreibungen drehen: Wenn sich in der Wirklichkeit nichts tut, wird das alles wenig Erfolg haben.

SCHMIDT Eigentlich müsste es in Griechenland eine Solarindustrie geben, das Land müsste eigentlich voller Solarkollektoren stehen.

SCHOLZ Richtig. Das Land müsste eigentlich in der Lage sein, eine eigene Solarindustrie aufzubauen. Ein Problem ist wohl, dass es sehr schwer ist, Unternehmen zu gründen und Arbeitsplätze zu schaffen, wenn unzählige bürokratische Hürden überwunden werden müssen.

SCHMIDT Heute vor einem halben Jahrhundert gab es in Deutschland einen Wirtschaftsminister, der hieß Karl Schiller. Er war Wirtschaftsminister unter Herrn Kiesinger und vertrat die These einer ausgeglichenen Außenwirtschaftsbilanz. Heute, fünfzig Jahre später, erzielen wir einen jährlichen Außenhandelsüberschuss von 280 Milliarden Euro. Das geht so Jahr für Jahr, schon seit fünf, sechs Jahren. Das nehmen wir zur Kenntnis, manche scheinen das sogar zu genießen. Ab und zu hält unser Finanzminister eine Rede, wie es besser gemacht werden soll, versucht aber gleichzeitig zu verhindern, dass wir unserer Solidaritätspflicht nachkommen. Was wäre deine Antwort auf den Vorwurf, dass die deutschen Außenwirtschaftsüberschüsse ein unerträgliches Ausmaß erreicht haben?

SCHOLZ Der Überschuss ist in der Tat sehr hoch. Die Gründe sind komplex. Und weil sie vor allem in den Volkswirtschaften anderer Länder zu suchen sind, wird sich daran vermutlich so schnell nichts ändern.

SCHMIDT Wirklich unerträglich, denn unsere Überschüsse sind die Schulden der andern. Für mich heißt das: Die Deutschen müssen zahlen, und sie müssen insbesondere Griechenland helfen. Dazu braucht es eine vernünftige politische Erklärung, die es dem eigenen Volk erträglich erscheinen lässt.

SCHOLZ Es wäre schon gut, wenn keine Reden gehalten würden, bei denen man den Eindruck erweckt, die Hilfe für Griechenland könnte vermieden werden. Dann muss man sich auch nicht fortwährend selber widerrufen.

SCHMIDT Richtig.

SCHOLZ Lass mich noch mal etwas zum deutschen Außenhandelsüberschuss sagen: Deutschland ist eine Exportnation, aber den hohen Exporten stehen auch hohe Importe gegenüber. Sonst würde der Hamburger Hafen auch gar nicht so gut funktionieren. Wenn man Importe und Exporte zusammenrechnet, ergibt sich für Deutschland ein sehr guter Wert. Andere Länder wie zum Beispiel Japan, die fast nur exportieren, schneiden deutlich schlechter ab. Und auf noch einen anderen Punkt will ich hinweisen. Wenn in Deutschland die Konsumnachfrage gesteigert würde, könnte das dazu führen, dass in Vietnam oder China die Wirtschaft besser floriert, ohne dass es Auswirkungen auf ein einziges anderes EU-Land hätte. Die klassischen Mechanismen, die früher zur Verfügung standen, um eine ausgeglichene Außenhandelsbilanz zu erreichen, indem man etwa gezielt Importe

billiger machte, greifen nicht mehr. Jedenfalls sehe ich nicht, wie eine höhere Konsumnachfrage bei uns gezielt zu mehr Produktion und Beschäftigung in einem andern EU-Land führen könnte. Wichtiger scheint mir eine Antwort auf die Frage, wie man Volkswirtschaften wieder auf die Beine hilft, die vielleicht zu lange auf ungelernte Arbeit gesetzt und versucht haben, mit staatlicher Intervention zu verhindern, dass diese Arbeit in andere Regionen der Welt abwandert.

SCHMIDT Ich würde gern noch mal auf Hamburg zurückkommen, weil wir ja eigentlich über Hamburg reden wollten. Du hast in deiner Regierungserklärung gesagt – das habe ich mir rausgeschrieben: »Hamburg muss eine Hoffnungsstadt bleiben.« Wie sieht Hamburg in deiner Vorstellung in zehn oder in zwanzig Jahren aus? Was heißt für dich »Hoffnungsstadt«?

SCHOLZ Zunächst einmal heißt Hoffnungsstadt, dass

es immer so sein soll, dass Leute nach Hamburg kommen, weil sie für sich und ihre Familie ein besseres Leben erwarten. Das ist das Gegenteil einer statischen Gesellschaft, in der alle immer schon da sind. Es kommen natürlich nicht nur Glückliche, Reiche und Kreative, sondern selbstverständlich auch Leute, die nicht so viel Geld haben und die alles daransetzen, Wege zu finden, um für sich selber ein gutes Leben zu erreichen. Deswegen brauchen wir ein gutes Bildungssystem, damit diejenigen, die sich anstrengen, in dieser Stadt eine Chance haben. Zweitens werden wir das Wachstum begleiten müssen, das aus diesem Zuzug entsteht. Mit Wohnungsbau, mit Verkehrsinvestitionen. Drittens müssen wir neue Wirtschaftszweige und neue Industrien in Hamburg etablieren. Aktuell bauen wir Hamburg als Hauptsitz der Windkraftindustrie aus. Auf der letzten Weltmesse der Windbranche in Hamburg waren 1300 Aussteller; ziemlich viele davon haben Dependancen in Hamburg, und nicht wenige haben hier ihren Sitz. Die Entwicklung des Offshore-Geschäfts wird aus Hamburg weltweit vorangetrieben. Es zeichnet sich ein ähnlicher Erfolg wie bei der Luftfahrtindustrie ab, die wir zuletzt zu einer wichtigen Größe des Industriestandorts Hamburg gemacht haben.

SCHMIDT Gibt es jenseits der Luftfahrtindustrie mit den beiden Standorten Fuhlsbüttel und Finkenwerder andere Zweige des produzierenden Gewerbes, die für die Zukunft Hamburgs in ähnlicher Weise wichtig sind? Ich sehe zum Beispiel lauter kleine elektronische Firmen, die neu aufgemacht werden. Gibt es unter den vielen Neugründungen auch einige, die nach deinem

Urteil Zukunft haben, oder sind das mehr oder minder zaghafte Versuche?

SCHOLZ Um Interessen zu bündeln, verfolgt die Stadt Hamburg seit Jahren schon und mit wachsender Energie eine sogenannte Cluster-Strategie. In den Bereichen, in denen wir Wachstumspotenziale aus der Vernetzung erwarten, haben wir private Unternehmen, Forschungseinrichtungen und staatliche Institutionen zusammengefasst. Es gibt neben vielen anderen ein Cluster, das sich mit Medien und IT und auch Unternehmensgründungen in der Branche, Start-ups, befasst. Auf diese Weise entwickelt sich gerade eine neue Branche, die Spiele für Computer und Mobile Devices entwickelt: Fast 5000 Arbeitsplätze in der Spielebranche sind ein schöner Erfolg.

SCHMIDT Wie weit ist dabei die Handelskammer von Hilfe?

SCHOLZ Sie ist immer dabei, weil wir das als Public Private Partnership betrachten. Die Handelskammer ist hilfreich.

SCHMIDT Verdient der Hauptgeschäftsführer der Handelskammer inzwischen mehr als der Hamburger Bürgermeister?

SCHOLZ Vermutlich schon seit längerem. Ich weiß es aber nicht.

SCHMIDT Und er wehrt sich dagegen, dass das bekannt gegeben wird.

SCHOLZ Eine Offenlegung ist angekündigt. Hier hat sich in den letzten Jahren vieles verändert; viele Geschäftsführer von öffentlichen Unternehmen verdienen sehr viel mehr als die Senatoren, und auch die Präsidenten der Universitäten verdienen öfter mehr als ihre Senatoren.

SCHMIDT Hamburg wird kein Wissenschaftszentrum werden, das ist nicht sehr wahrscheinlich.

SCHOLZ Wir müssen das, was wir haben, nutzen, ausbauen und entsprechend präsentieren. Dazu gehört, dass die Stadt Selbstbewusstsein entwickelt. Es ist falsch, über Hochschulen zu reden und dabei immer nur an die Universität zu denken. Wir haben in Hamburg mittlerweile 19 staatliche und staatlich anerkannte Hochschulen. Wir haben sehr viele außeruniversitäre Forschungseinrichtungen. Wir sind exzellent in bestimmten Bereichen, zum Beispiel in den Klimawissenschaften, in der Physik. Vieles von dem, was gegenwärtig besonders gut läuft, hat zu tun mit dem DESY, das heute eine völlig andere Institution ist als die, die du kennst. Hier geht es schon längst nicht mehr ausschließlich um den Urknall oder das Higgs-Teilchen, hier wird mit den weltweit modernsten Lasern geforscht, die völlig neue Anwendungen im Bereich der Material- und Medizinforschung möglich machen. Hier sind milliardenschwere Investitionen erfolgt, teurer als die Elbphilharmonie. Die Materialwissenschaften werden vorangetrieben; wir haben ein Centre for Ultra fast Imaging, das Centre for Structural Systems Biology. In Bahrenfeld wird die Struktur der Materie erforscht; wir haben jetzt ein Max-Planck-Institut zu diesem Forschungsfeld errichtet; und ich hoffe, dass wir es mit unserem Beitritt zur Fraunhofer Gesellschaft – aus Gründen, die ich nicht kenne, waren wir als einziges Bundesland nie dabei – schaffen, auch mehr angewandte Forschung in Hamburg zu verankern.

SCHMIDT Wir müssen zum Schluss kommen, du musst wieder ins Rathaus. Eine Frage wollte ich noch loswerden: Wo ist dein Lieblingsplatz, wo sitzt du in Hamburg am liebsten?

SCHOLZ Mein Lieblingsplatz ist unverändert der Altonaer Balkon. Es ist ein Platz, wo man in Sichtweite des Altonaer Rathauses auf die Elbe gucken kann, den Hafen sieht und ein Gefühl für die Stadt bekommt.

SCHMIDT Und im Rücken hast du die Kirche, in der Klopstock begraben ist.

SCHOLZ Und ich getauft wurde.

SCHMIDT Übrigens ist das Augustinum, wo Frau Loah wohnt, nicht weit entfernt vom Balkon.

SCHOLZ Es ist ganz in der Nähe. Ich war heute Morgen da joggen. Ich wohne ja ganz in der Nähe. Meistens laufe ich herunter zur Elbe, und dann von Övelgönne bis Teufelsbrück und zurück.

SCHMIDT Jeden Morgen?

SCHOLZ Nein, zweimal in der Woche. Einmal in der Woche rudere ich.

SCHMIDT Auf der Alster?

SCHOLZ Ja. Das habe ich vor vier Jahren als Sport angefangen, und das mache ich jede Woche.

SCHMIDT Ich habe als Ruderer angefangen. Dann wurde mein Ruderclub in die Marine-Hitlerjugend überführt, und dort habe ich das Segeln gelernt, dabei bin ich geblieben.

SCHOLZ Für mich ist Rudern ganz toll. Ich würde mich ja sonst bei dem, was ich mache, nicht so viel bewegen.

SCHMIDT Ruderst du im Einer oder in einem Vierer?

SCHOLZ Ich rudere regelmäßig im Zweier, mit einem

Trainer zusammen, und im Einer, im Skiff. Jetzt im Sommer nehme ich das Skiff.

SCHMIDT Ich habe die Nase vollgekriegt von der Ruderei, als ich Mitglied eines Achters wurde. Ich war der Kleinste und kam völlig ausgepumpt nach 2200 Metern an.

SCHOLZ Und dann stehen diese riesigen Typen da. Bei dem Club, bei dem ich jetzt zufällig gelandet bin, Alemannia, gibt es eine Mannschaft im Achter, einem schönen, breiten, stabilen Boot, die ist zweimal in der Woche unterwegs, glaube ich, und das sind lauter 80-Jährige, die da rudern, 75 und 85, und das ist eigentlich doch sehr schön.

SCHMIDT Ich bin seit meiner Kindheit nicht mehr gerudert. Das war mir zu anstrengend. Ich war froh, dass ich segeln konnte. Und heute bin ich froh darüber, dass diese Stadt einen Bürgermeister hat, der weiß, wo es langgehen muss.

NACHWEISE

Abbildungen:

S. 126	NDR/Detlef Drischel
S. 129–150	NDR, 1986
S. 147 (oben)	DPA
S. 147 (unten)	Ohnsorg-Theater, Hamburg
S. 208, 226 f., 244	Marco Grundt Fotografie, Hamburg

Texte:

S. 11–27	Das Gespräch erscheint mit freundlicher Genehmigung von Giovanni di Lorenzo, Chefredakteur *Die ZEIT*.
S. 80–92	Das Gespräch erscheint mit freundlicher Genehmigung der Feuerwehr Hamburg, Abteilung Presse- und Öffentlichkeitsarbeit.
S. 95–125	Das Gespräch erscheint mit freundlicher Genehmigung von Dr. Dieter Buhl, Hamburg.
S. 127–150	Der Text erscheint mit freundlicher Genehmigung des NDR.

Helmut Schmidt
Mein Europa

ISBN 978-3-455-50315-9
Hoffmann und Campe Verlag

»Es steht in keiner Bibel geschrieben, dass die Europäische Union in ihrer heutigen Gestalt das Ende des 21. Jahrhunderts erlebt. Die Regierungschefs sind sich über den Ernst der Lage überhaupt nicht im Klaren.« *Helmut Schmidt*

Helmut Schmidt hat das Europa der letzten Jahrzehnte maßgeblich mitgeprägt. Die Artikel und Reden, die dieser Band versammelt, zeugen von dem vielfältigen Engagement eines Europäers aus Leidenschaft. Jetzt steht Europa am Scheideweg: Dies ist auch Thema des Gesprächs zwischen Helmut Schmidt und Joschka Fischer im zweiten Teil des Buches.

Die ausgewählten Texte, in einem Zeitraum von über sechzig Jahren entstanden, schlagen den Bogen von den frühen Nachkriegsjahren über die langwierige Diskussion um die Errichtung einer europäischen Wirtschafts- und Währungsunion bis zur gegenwärtigen Krise. Sich zu Europa bekennen, hieß für Helmut Schmidt immer auch, Opfer zu bringen – und den Bürgern den Sinn dieser Opfer zu erklären. Heute fehlt es vielfach an Verständnis dafür, dass die europäische Integration zu den wichtigsten Interessen der Bundesrepublik gehört, die Stimmung droht zu kippen. Das Zusammenwachsen der Völker Europas war aber von Anfang an ein Geben und Nehmen, und diejenigen, die über die Jahre am meisten davon profitierten, waren wir Deutsche. Der vorliegende Band wirbt für die Fortsetzung der Europäischen Union – im Augenblick ihrer tiefsten Krise.